GÜTERSLOHER VERLAGSHAUS
DIE VISION EINER NEUEN WELT

Michael Kuch

Herzenssache und Gottesmut

Martin Luther und das
Lebensgefühl des Glaubens

GÜTERSDIE
LOHERVISION
VERLAGSEINER
HAUSNEUENWELT

Konrad Stock
in Dankbarkeit

VORWORT

Herz und Gott – für Martin Luther gehört das unmittelbar zusammen. Denn was den Menschen im Herzen bewegt, bringt ihn immer mit dem in Berührung, was sein Leben gründet, trägt und erfüllt. Und was das letztlich und in Wahrheit sein kann – das ist Gott.

Dieser Zusammenhang, so scheint mir, steht im Zentrum von Luthers Theologie. Wer sich auf sie einlässt, bekommt es mit sich selbst und darin zugleich mit Gott zu tun. Das eine ist hier ohne das andere nicht zu haben. Das schließt alle weiteren Bezüge des Lebens nicht aus, sondern in umfassender Weise ein. In Luthers Denken wie in seiner Sprache tauchen die ganze Bandbreite und der große Reichtum des menschlichen Lebens auf – auch in dessen Gefährdungen und Brüchen. Doch gewinnt darin zugleich jene Erfahrung Raum, die für Luther geradezu der Schlüssel zur Erkenntnis Gottes wie des Menschen geworden ist: die Erfahrung, grundlegend angenommen zu sein. Glaubend – und das heißt für Luther immer: vertrauend – lässt sich der Mensch darauf ein. Das ist weit mehr als ein nur kognitiver Vorgang. Im Glauben kommt das Lebensgefühl des Menschen im Ganzen zum Ausdruck. Und zugleich wirkt sich der Glaube auf das Fühlen, Denken und Handeln des Menschen aus. In welcher Weise – das ist die Frage.

Mit ihr werden in diesem Buch zentrale Themen von Luthers Theologie aufgegriffen und systematisch behandelt. Dabei treten Aspekte zutage, die den Wittenberger in die Nähe der Fragen unserer Zeit rücken. Was ihn im Herzen bewegte, kann für jeden Menschen, in sicher unterschiedlichen Kontexten, von Bedeutung werden – und zwar so, dass es Mut zum Leben macht.

Jeder geht seinen eigenen Weg durch das schier unübersehbare Gedankenwerk, das Luther hinterlassen hat. Meiner hat als Student begonnen, und das Studieren hat seitdem kein Ende gefunden. Insofern stellt dieses Buch auch so etwas wie ein Zwischenresümee meiner Auseinandersetzung mit Luther dar. Viele Gespräche und Begegnungen mit Menschen, die mir wichtig sind, fließen darin ein; ihre Anregungen und Impulse haben mich weitergebracht. Ihnen allen bin ich in unterschiedlicher Weise dankbar. Dass das Buch überhaupt geschrieben wurde, verdankt sich dem Anstoß, mit dem mich Diedrich Steen vom Gütersloher Verlagshaus ermuntert hat. Meiner Frau danke ich herzlich für die wertvollen Hinweise bei der kritisch-wohlwollenden Lektüre des Manuskripts. Gewidmet ist das Buch Konrad Stock, meinem Lehrer seit Tübinger Tagen, dem ich mich im Denken freundschaftlich verbunden fühle.

Luthers Sprache ist im Text – bis auf eine Ausnahme – in geläufiges Deutsch übertragen bzw. übersetzt worden. Soweit es möglich gewesen ist, habe ich aus allgemein zugänglichen, wissenschaftlich fundierten Ausgaben zitiert. In manchen Fällen blieb nur der Rückgriff auf die Weimarer Gesamtausgabe der Werke, Sprüche, Gedanken und Lieder Martin Luthers.

Baiersdorf, im Advent 2016
Michael Kuch

INHALT

THEOLOGIE ALS HERZENSSACHE – EINE ANNÄHERUNG

1

Es gibt Menschen, an die möchte man sich unwillkürlich anlehnen. Sie stehen wie ein Baum: fest, entschlossen, unbeugsam. Solche Menschen lassen im Grunde nur zwei Alternativen zu: Entweder man orientiert oder man reibt sich an ihnen. Kalt lassen sie einen auf jeden Fall nicht.

Auf *Martin Luther* – am 10. November 1483 in Eisleben geboren, dort auch am 18. Februar 1546 gestorben – traf das zu. Er war gewiss ein historischer Ausnahmefall, wie er nur selten und in bestimmten weltgeschichtlichen Konstellationen auftritt. An ihm schieden sich die Geister. Er brachte Kaiser und Papst – und das hieß für seine Zeit: eine ganze Welt – gegen sich auf und eröffnete zugleich vielen eine neue Lebensperspektive. Seine Wirkung war gewaltig. Ihm selbst war »göttliche Brutalität« zu eigen, wie es *Heinrich Heine* in seiner »Geschichte der Religion und Philosophie in Deutschland« durchaus bewundernd ausdrückt. Diese habe der Emanzipation des Individuums mehr gedient als »die Feinheit des Erasmus und die Milde des Melanchthon«. Ein Mensch also, an den man sich anlehnen möchte, müsste man nicht zugleich fürchten, an ein Feuer zu geraten. Sein Auftreten wurde zum Ereignis, das nicht nur die Kirche, sondern das Lebensgefühl in der heraufziehenden europäischen Gesellschaft insgesamt veränderte und hinter das auch heute niemand zurückkann.

Was Luther heute bedeutet – ist die Frage also mit dem Hinweis auf seine unbestreitbare historische Größe schon beantwortet? Sicher nicht. Indem ich einige Gründe anführe, nähere ich mich zugleich den Aspekten, die in diesem Buch aufgegriffen, vertieft und entfaltet werden.

Zunächst: Das Bild des immer feststehenden, stets unbeugsamen Luther trifft, wenn überhaupt, nur die halbe Person. Es ist eine nachträgliche Projektion, die sich vor allem aus seinen geschichtlichen Wirkungen speist. Deutlich wird das zum Beispiel an dem Ausruf, der bis heute sein Bild prägt und geradezu sprichwörtlich geworden ist: »Hier stehe ich. Ich kann nicht anders.« Wahrscheinlich hat Luther diese Worte auf dem Reichstag zu Worms 1521 gar nicht gesagt; sie tauchen erst Jahrzehnte nach seinem Tod in stilisierten Darstellungen der Szene auf. Zuverlässig überliefert vom Abschluss seiner Verteidigungsrede vor Kaiser Karl V. sind hingegen die schlichten Sätze: »Da mein Gewissen in den Worten Gottes gefangen ist, kann und will ich nichts widerrufen, weil es gefährlich und unmöglich ist, etwas gegen das Gewissen zu tun. Gott helfe mir. Amen.«[1] Persönlich authentisch, auch mutig, sich der eigenen Gefährdung bewusst, in allem auf Gottes Hilfe angewiesen – so erscheint hier der Reformator.

Jede Zeit hatte und hat ihr eigenes Lutherbild, wobei dieses in der Regel mehr über die jeweilige Zeit aussagt als über die Person selbst. Zum Glaubens- und Nationalhelden, den etwa die Standbilder des 19. Jahrhunderts auf den Sockel heben, eignet sich Luther freilich denkbar schlecht. Will man von seiner Person reden, dann gehören zu ihr jedenfalls auch ganz andere Züge: Der Mensch, der Zweifel und Verzweiflung zeitlebens nie ganz loswurde; dem grobe und verhängnisvolle Fehleinschätzungen unterliefen; der zu schriller und verletzender Polemik fähig war. Selbst wenn diese um der Sache willen geführt wurde, kam sie ihr doch nur begrenzt zugute. Die geistvolle, auf Vermittlung bedachte »Milde des Melanchthon« jedenfalls stellte für den Verlauf der Reformation ein notwendiges Korrektiv dar, ohne das sie nicht zu ihrer durchdringenden Wirkung gelangt wäre. All das sind Schattenseiten einer Person, deren Widersprüchlichkeit, ja Zerrissenheit im Rückblick nur zu leicht übersehen wird. Luther war nicht nur groß und stark. Diejenigen, die sich an den Baum lehnten, dürften gespürt haben, wie der Stamm zuweilen zitterte. Zur Luther-Verklärung besteht kein Anlass.

Das führt zur nächsten Einschränkung. Sie stammt von Luther selbst, und man kann sie durchaus als kritische Anmerkung zu der Kirche verstehen, die sich nach seinem Namen »lutherisch« nennt. Der Einfluss, der damit von seiner Person ausgeht, ergab sich aus den Umständen seines Auftretens und seiner Wirkung. Doch die Betonung des Menschen ist, mit einer Bezeichnung Gerhard Ebelings, letztlich »programmwidrig«. Luther distanziert sich ausdrücklich von der eigenen Person, wenn es um die Sache des Glaubens geht. Auf dieser Linie liegt seine bekannte Ermahnung, »man wolle von meinem Namen schweigen und sich nicht lutherisch, sondern einen Christen heißen. Was ist Luther? Ist doch die Lehre nicht mein! Ebenso bin ich auch für niemanden gekreuzigt ... Wie käme denn ich armer stinkender Madensack dazu, dass man die Kinder Christi dürfte nach meinem nichtswürdigen Namen nennen? Nicht so, liebe Freunde, lass uns tilgen die parteiischen Namen und Christen heißen, nach Christus, dessen Lehre wir haben.«[2]

Diese Unterscheidung der eigenen Person von der Überzeugung, die sie gewonnen hat und vertritt, ist für Luther grundlegend. Wobei Unterscheidung nicht dasselbe meint wie Trennung. Das ist ganz grundsätzlich und hier besonders zu beachten. Sind Dinge oder Aspekte getrennt, dann besteht zwischen ihnen keine Verbindung. Unterscheidung hingegen ist die Bedingung dafür, dass sich Menschen oder Sachverhalte in ihrer eigenen Bedeutung konstruktiv und befruchtend aufeinander beziehen können. In diesem Sinne werden Überzeugungen oder Gewissheiten zu wesentlichen Voraussetzungen für eine eigenständige Lebensführung; in ihnen drückt sich die Individualität einer Person aus, sie sind eng mit ihr verbunden. Zugleich sind Überzeugungen nicht identisch mit der eigenen begrenzten Persönlichkeit. Sie greifen vielmehr über diese hinaus, stellen das eigene Dasein in einen größeren Kontext, der es umgibt, trägt und motiviert. Jeder, der von einer Idee ergriffen wird, macht diese Erfahrung; sie führt die Person über sich hinaus, eröffnet ihr neue Horizonte.

Das gilt erst recht für solche Überzeugungen, die den Charakter von *Lebensgewissheiten* gewinnen. Diese beziehen sich nicht nur auf einzelne Vorhaben, Ideen oder Projekte, sondern auf das *Leben im Ganzen*. Mit ihnen stellen sich die Grundfragen menschlicher Existenz: Woher komme ich? Wohin gehe ich? Wie kann, will und soll ich leben? Von diesen Fragen war Luther umgetrieben. Das vor allem verleiht seinem Denken eine die Zeiten überdauernde, aktuelle Bedeutung. In der Perspektive des Glaubens reflektierte er das eigene Leben wie überhaupt die conditio humana, die Bedingung und Beschaffenheit menschlicher Existenz. Aus den Antworten auf diese und andere existenzielle Fragen erwächst das Reservoir an Lebensgewissheiten, die einem Menschen Grund und Orientierung geben. Sie bestimmen und motivieren sein Leben aus dem Zentrum seiner Existenz – seinem Herzen.

Das *Herz* ist für Luther der »Ort«, an dem sich die wesentlichen Auseinandersetzungen im menschlichen Leben abspielen und sich die entscheidenden Weichenstellungen vollziehen. Denn was das Herz bestimmt und prägt, wirkt sich nicht allein auf die jeweilige Gefühlslage aus, es motiviert auch zu einer Lebensgestaltung, die den eigenen, innewohnenden Impulsen folgt. Das Herz ist das

Bild bzw. die Metapher für das *Zentrum der Person*. Es ist zugleich empfänglich und dynamisch, in ihm bilden sich die maßgeblichen Beweggründe für das eigene Leben und Handeln aus.

Luther gewinnt diese Sicht nicht aus naturphilosophischen Reflexionen. Wenn er vom menschlichen Herzen spricht, stellt er keine Vergleiche zum Körperorgan her. In gewisser Hinsicht wäre das ja durchaus naheliegend. Denn auch in seiner organischen Funktion bildet der Herzschlag, neben dem Atmen, den entscheidenden Impuls- und Taktgeber des Körpers. Jedoch vollziehen sich diese Vorgänge im Wesentlichen auf einer sich selbst steuernden Ebene, weshalb sie sich nur eingeschränkt als Analogie für eine bewusste Lebensgestaltung eignen. Luthers Verständnis des Herzens entwickelt sich an der biblischen Anthropologie, insbesondere an der Sprache der Psalmen. Das »Herz« ist bei ihm so etwas wie ein bildlicher Sammelbegriff für verschiedene Vorgänge und Vollzüge, die in ihrer Gesamtheit das Zentrum der Person ausmachen. Gefühle und Affekte – freudige wie erschreckende, bedrängende wie öffnende – spielen dabei eine Rolle, aber auch der Wille des Menschen, seine Suche nach Erfüllung und sein Streben nach Befriedigung. In seinem Herzen ist der Mensch auf etwas ausgerichtet, was ihn letztlich und zutiefst beglückt.

Aus diesem Grund ist auch und gerade der *Glaube* ein Akt des Herzens, er ist Herzenssache. Im Glauben geht es um die Gesamtausrichtung meines Lebens, und zwar aus der Mitte meiner Existenz heraus. »Der Glaube fordert das Herz, nicht den Verstand«[3], notiert Luther bereits in einer frühen Vorlesung über die Psalmen. Diese pointierte Aussage wäre sicher missverstanden, würde man Glaube und Verstand gegeneinander ausspielen. Verstand und Vernunft gehören wie die Sprache für Luther zu den guten Gaben Gottes, die das menschliche Leben auszeichnen. Sie dienen dazu, dass der Mensch seine Welt bezeichnen, begreifen und aktiv gestalten kann. Insofern kann durch sie auch der Glaube gedeutet, in seinen Gründen verständlich und nachvollziehbar gemacht werden.

Doch die Vernunft bringt den Glauben nicht selber hervor. Und sie ist auch keine neutrale, objektiv urteilende Instanz, die über den Dingen steht. Was dem einen vernünftig erscheint, muss dem anderen noch lange nicht einleuchten. Nach Luthers Überzeugung steht die Vernunft ihrerseits immer in einem bestimmten Lebens- und Deutungszusammenhang, der sie erst plausibel macht. Die Einsicht, dass ich »nicht aus eigener Vernunft noch Kraft« glauben kann, gehört jedenfalls zu den Grundkonstanten seiner Theologie. Glauben zu können verdankt sich grundsätzlich einem Geschehen, das dem Menschen zuallererst eröffnet werden muss, und zwar dadurch, dass das Herz in einer bestimmten Weise berührt und ergriffen wird. Erst damit kann es glauben.

Dieser Zusammenhang tritt noch klarer zutage, wenn man sich vor Augen führt, worin der Glaube eigentlich besteht. Glaube ist Vertrauen. Das ist sein Wesen und seine Ausdrucksform. *Vertrauen ist die Form des Glaubens.* Von da aus wird noch einmal deutlich, weshalb der Glaube eine Sache des Herzens ist. Wenn es um die Frage geht, wem und worauf ich vertraue, geht es zugleich um das, was mich persönlich angeht und bewegt. Vertrauen kann dabei niemals erzwungen werden, es entsteht aber auch nicht grundlos. Es erwächst aus Begegnungen, gewinnt Gestalt mit Erfahrungen, die es ermöglichen zu vertrauen. Das Kind, das in die Arme der Mutter springt, wagt dies, weil es bereits erlebt hat, wie es von ihr aufgefangen wird. Über diese Erfahrung hinaus gibt es keine Absicherung. Der Akt des Vertrauens bleibt ein Wagnis, er gründet in dem Gegenüber, auf das sich ein Mensch verlässt. Erweist sich das als trügerisch, dann wird das Herz zutiefst erschüttert. Im Vorgang des Vertrauens konzentriert sich die menschliche Existenz in ihrer ganzen Angewiesenheit.

Das gilt auch für die religiöse Dimension des Vertrauens. Sie vor allem kommt ja im Begriff des Glaubens zum Ausdruck. Wenn vom Glauben die Rede ist, ist zugleich von Gott die Rede – in welcher Weise dies auch geschieht und unabhängig davon, ob der Ausdruck »Gott« tatsächlich verwendet wird. In seinem Glauben ist der Mensch auf eine letztlich vertrauenswürdige Instanz verwiesen. Das jedenfalls ist die Überzeugung, die Luther im »Großen Katechismus« in die prägnante Folgerung fasst: »Denn die beiden gehören zusammen, Glaube und Gott. Woran du nun (sage ich) dein Herz hängst und verlässt dich darauf, das ist eigentlich dein Gott.« Die bekannte, verdichtete Formulierung schließt eine Fülle von Bezügen, Differenzierungen und Konsequenzen ein. Ihnen im Einzelnen und im Zusammenhang nachzugehen, führt ins Zentrum der Theologie Martin Luthers. Darin begegnen wir einem Nachdenken über Gott, das in seiner Gesamtheit und in jeder einzelnen Aussage von der Frage geleitet ist, was es für den Menschen bedeutet. Von Gott lässt sich nicht reden, ohne vom Menschen zu reden.

Doch die Umkehrung trifft ebenso zu: Vom Menschen lässt sich nicht reden, ohne von Gott zu reden. Denn menschliches Leben und Handeln erwächst aus dem Vertrauen. Das gilt in elementarer Weise bereits für die zwischenmenschlichen Beziehungen. Vertrauen ist kein ausschließlich religiöser Begriff. Zugleich aber scheint im Vorgang des Vertrauens die religiöse Dimension des menschlichen Lebens unweigerlich auf. Was unterscheidet dann das religiöse Vertrauen vom zwischenmenschlichen? Was heißt es, Gott zu vertrauen? Wodurch wird das überhaupt möglich? Und nicht zuletzt: Was bedeutet ein solcher Glaube für das eigene Leben in den Bezügen und Widersprüchen der Welt?

Für Luther waren das keine »akademischen« Fragen; sie waren für ihn alles andere als eine nur theoretische Angelegenheit, sondern betrafen ihn selbst im höchsten Maße. Unausweichlich trifft man deshalb bei der Beschäftigung mit seiner Theologie auch auf seine Person, sie ist mit seinem Denken eng verflochten. Obwohl also Person und Sache zwar einerseits immer unterschieden werden müssen, gehören sie andererseits doch untrennbar zusammen. Luthers Theologie ist durch und durch *existenziell*. Sie lotet die menschlichen Erfahrungsmöglichkeiten bis in ihre Tiefen und Untiefen hinein aus, geht ihnen nach, zeichnet sie in den Horizont des Glaubens ein. Leichter ist die Auseinandersetzung mit Luthers Fragen nicht zu haben. Wer sich auf sie einlässt, wird auch mit sich selbst konfrontiert. »Sola ... experientia facit theologum«[4], allein die Erfahrung macht den Theologen – diese Äußerung Luthers steht nicht nur wie ein deutendes Motto über seinem Leben. Es gilt ganz grundsätzlich: Nur was sich im Kontext menschlicher Erfahrung erfassen lässt, gewinnt Bedeutung und Aussagekraft.

Besonders deutlich wird das am Durchbruch der reformatorischen Grunderkenntnis. Die Sprache der Dogmatik fasst sie in die knappe Formel *Rechtfertigung allein im Glauben*. Das ist für sich ebenso präzise wie trocken. Luther jedenfalls machte die entscheidende Entdeckung »in der Verschlingung von persönlichem Erleben, vernichtender Anfechtung und befreiender Gewissheit«[5]. In seinen Schriften – Vorlesungen, Predigten, Auslegungen, Abhandlungen, Briefen, Reden, Liedern – unternimmt er immer neu den Versuch, die Erfahrung der Rechtfertigung in ihren verschiedenen Dimensionen zu beschreiben und in ihrer ganzen Reichweite deutlich zu machen. Sie besagt, dass ich, obgleich nicht ohne Sünde und Schuld, von Gott gerechtfertigt, das heißt los- und freigesprochen bin. Daraus erwächst das elementare Gefühl, bedingungslos angenommen zu sein. Dessen wahrhaft befreiendes, ermutigendes Potential erschließt sich allerdings nur dem, der auch gegenteilige Erfahrungen kennt. Die Verfehlungen und Verstrickungen des Lebens, seine Ängste und Lähmungen sind also unverstellt in den Blick zu nehmen. Sie bilden den Hintergrund, vor dem Luthers Überzeugung von der »Freiheit eines Christenmenschen« überhaupt erst ihre Bedeutung und Prägnanz erhält. Sie bezeichnet einen Lebensmut, der aus Gott bezogen wird, also einen Gottesmut des Menschen, in dem er sich befreit dem Leben zuwendet. (Zur Deutung des Begriffs »Gottesmut« s. Kap. 8.)

Luther hat diese Erfahrungen in seinen lebensweltlichen Bezügen zur Sprache gebracht. Es war, im Übergang vom Mittelalter zur Neuzeit, eine Welt im Umbruch, in der überkommene Strukturen sich in schmerzhaften Prozessen aufzulösen und andere sich neu auszubilden begannen. Vieles an dieser Welt des 16. Jahrhunderts – ihre Ordnungen, ihre Konventionen, ihre Abhängigkeiten – ist dem modernen Lebensgefühl irritierend fremd geworden. Insofern begegnet dem heutigen Menschen in Luther eine historisch »ferne Stimme« (Johann Hinrich Claussen). Sie vermag aber dennoch ins Herz zu sprechen. Und zwar schon deshalb, weil Prozesse umstürzender Veränderung und rasanten Wandels in anderer Weise auch die Gegenwart des 21. Jahrhunderts kennzeichnen. Die Frage nach dem, was in Wahrheit verlässlich genannt zu werden verdient, wird in Zeiten der Verunsicherung besonders dringlich. Sie verbindet den heutigen Menschen mit Luthers »Ringen um die Grundlagen humaner Existenz«[6].

Luthers Worte können aber auch deshalb das Herz erreichen, da er unsere *Sprache* spricht. Oder sprechen wir die seine? Ganz gleich, ob man dem Diktum *Thomas Manns* folgt, Luther habe »durch seine gewaltige Bibelübersetzung die deutsche Sprache erst recht geschaffen, die Goethe und Nietzsche dann zur Vollendung führten«[7] – der Einfluss des Reformators auf die Entwicklung der deutschen Sprache ist kaum hoch genug einzuschätzen. Er dokumentiert sich bis in die Gegenwart hinein in einer Vielzahl von Ausdrücken, die auf seine Übersetzung der Bibel zurückgehen. Darin finden sich so plastische Wörter wie »Feuereifer«, »Menschenfischer«, »Morgenland«. Und es tauchen Redewendungen auf, die in den allgemeinen Sprachschatz Eingang gefunden haben: »Sein Herz ausschütten«, »die Hände in Unschuld waschen«, jemanden »auf Händen tragen«, »den Staub von den Füßen schütteln« oder etwas »auf Treu und Glauben« versichern. Mit seiner Sprache ist Luther heute auch denjenigen gegenwärtig, denen sein Denken in weite Ferne gerückt ist.

Begegnet man Luthers Sprache in ihrer ursprünglichen Gestalt, kann man dabei eine doppelte Entdeckung machen: Ferne, Fremdheit auch hier, aber in ihr zugleich so etwas wie eine intuitive Nähe und Vertrautheit. Als Beispiel mag der bekannte 23. Psalm dienen, so wie ihn die letzte zu Luthers Lebzeiten erschienene Ausgabe (1545) seiner Bibel (»Die gantze Heilige Schrift Deudsch«) darbietet:

Ein Psalm Dauids.
DER HERR ist mein Hirte
Mir wird nichts mangeln.
Er weidet mich auff einer grünen Awen
Und füret mich zum frisschen Wasser.
Er erquicket meine Seele
er füret mich auff rechter Strasse

Vmb seines Namens willen.
UNd ob ich schon wandert im finstern Tal
fürchte ich kein Vnglück.
Denn du bist bey mir
Dein Stecken und Stab trösten mich.
DV bereitest fur mir einen Tisch gegen meine Feinde
Du salbest mein Heubt mit öle
Und schenckest mir vol ein.
Gutes und Barmhertzigkeit werden mir folgen
mein leben lang
Vnd werde bleiben im Hause des HERRN jmerdar.

Die damals noch ungeregelte Orthographie mutet heute fremdartig an. Doch sobald man sich eingelesen hat, kann einen die vertraute Wärme dieser Worte umso mehr ansprechen und berühren. Hier wird einem Lebensgefühl so verständlich und stimmig Ausdruck verliehen, dass es eine Darstellung erfährt, die man endgültig nennen könnte. Die Verse sind bis in die einzelnen Wendungen und Bilder hinein sowie in ihrem gesamten Sprachrhythmus seit Jahrhunderten nahezu unverändert geblieben. So haben sie Eingang in das kollektive religiöse Gedächtnis gefunden. Dieser einzigartige Vertrauenspsalm verdankt seine die Zeiten überdauernde Bedeutung zum großen Teil der sprachlichen Gestalt, die Luther ihm gegeben hat. Und darin zeigt sich wiederum ein grundsätzlicher Sachverhalt: Glaube und Vertrauen können sich an solchen Worten entzünden, in denen Gottes Wirklichkeit prägnant und lebensnah zum Ausdruck kommt. Sie erreichen das Herz, ermutigen zu einer Lebensgestaltung aus Vertrauen heraus.

Dabei geht es um nicht weniger als die *Wahrheit* menschlicher Lebensführung. Denn »wahr« kann, zumindest in theologischer Perspektive, genannt werden, was wirklich vertrauenswürdig ist. Was ist der Grund, das Ziel und die Hoffnung des Lebens? Wofür lohnt es sich, zu kämpfen und auch zu streiten? Was sind die Spielräume und Grenzen des Menschen? Luther war von diesen entscheidenden Fragen umgetrieben. Und wie er sie in der Perspektive des Glaubens aufgegriffen hat, »das lässt die Ferne dieser Gestalt dahinschwinden zugunsten einer Zeitgenossenschaft mit uns im Bewegtsein von der Frage, was es mit dem Menschsein letztlich auf sich hat«[8].

2 »MICH WUNDERT, DASS ICH TRAURIG BIN« – LEBENSGEFÜHL UND GLAUBE

Ich komm – weiß nicht, woher.
Ich geh – weiß nicht, wohin.
Mich wundert, dass ich fröhlich bin.[1]

MARTINUS VON BIBERACH († 1498)

Ich komm – weiß wohl, woher.
Ich geh – weiß wohl, wohin.
Mich wundert, dass ich traurig bin.[2]

MARTIN LUTHER

Das Lebensgefühl des Glaubens – was ist das?

Die Frage könnte Martin Luther gefallen haben. Mit der schlichten Frage *Was ist das?* leitet er bekanntlich im Kleinen Katechismus (1529) jeweils seine Auslegungen zu den Hauptstücken des Glaubens ein. Die von ihm benannten fünf Hauptstücke sind: die Zehn Gebote, das Glaubensbekenntnis, das Vaterunser, die Taufe und das Abendmahl. Elementare Texte und Themen des christlichen Glaubenswissens, die von ihm ebenso elementar erschlossen und gedeutet werden: in sprachlicher Prägnanz und mit einprägsamen Wendungen, theologisch reflektiert und zugleich lebensnah. Es sind verdichtete Memoriertexte. Sie zielen auf Aneignung und Wiederholung. Man kann sie meditieren, und sie auswendig zu können entspräche durchaus ihrem Sinn.

Luthers Worte und Sprachwendungen aus dem Kleinen Katechismus gehörten einmal zum Grundbestand evangelischen Lehrens und Lernens. Mögen sich Generationen von Konfirmandinnen und Konfirmanden mit ihnen auch abgemüht haben, bis sie aufgesagt werden konnten – es fand damit dennoch eine Aneignung statt, deren Sinn sich oftmals erst im Laufe des Lebens erschlossen hat. Eine solche Vertrautheit mit Lutherworten ist heute kaum mehr anzutreffen oder auch nur vorauszusetzen. Eine Überprüfung in Gemeinden, Einrichtungen oder Hochschulen dürfte zu einigermaßen ernüchternden Ergebnissen führen. Die Gründe hierfür sind vielschichtig, und sie haben ganz allgemein mit den tiefgreifenden Veränderungen bei der Weitergabe des religiösen Wissens zu tun. Sie sind hier auch gar nicht zu beklagen, sondern auf ihre Herausforderungen und Chancen hin zu befragen. Eine Chance jedenfalls ist es, wieder so nach dem Glauben zu fragen: Was ist das?

2.1 »Was ist das?«

Die Frage lässt sich variieren: Was heißt das? Was meint das? Was bedeutet das? Alles das schwingt mit in der komprimierten Formulierung, die Luther verwendet. Sie steht in der Mitte. Ihr geht eine Aussage voraus, auf die sie sich bezieht, und sie führt zu einer Antwort, die bestimmte Linien auszieht. Wer fragt, denkt weiter. Die Aussage besteht in den Kernthemen des Glaubens, ohne deren Kenntnis und reflektierte Aneignung eine eigenständige christliche Lebensführung nicht denkbar ist. In eben diese Richtung zielen auch Luthers Antworten. Sie erschließen die Bedeutung des Gesagten in jeweils persönlicher Weise, legen dessen theologische und existenzielle Dimension frei. Es sind pointierte Deutungshilfen, die einen selbstbewusst-kritischen Glauben ermöglichen sollen.

Das *Vertrauen* steht dabei am Anfang. Es ist das entscheidende Stichwort in Luthers Auslegung des Ersten Gebots im Kleinen Katechismus. Sie besteht nur aus einem einzigen knappen, bündigen Satz mit der Pointe am Ende:

Ich bin der Herr, dein Gott,
du sollst nicht andere Götter haben neben mir.
Was ist das?
Wir sollen Gott über alle Dinge fürchten,
lieben und vertrauen.[3]

Prägnanter lässt es sich kaum formulieren. Was auch immer zum Verhältnis von Mensch und Gott im Einzelnen (also auch über das Fürchten und Lieben) gesagt werden kann, es erhält seinen maßgeblichen Deutungshorizont im Vorgang des Vertrauens. Darauf konzentriert sich letztlich alles, und beide Katechismen Luthers – der Kleine wie der Große – finden darin ihren inhaltlichen Bezugspunkt. Bereits mit dem ersten Satz wird er intoniert und festgehalten. Ja, es erscheint nicht als zu weit hergeholt, Luthers Theologie insgesamt vom menschlichen Akt des Vertrauens her zu rekonstruieren und in ihrer aktuellen Bedeutung zu erschließen. Wie lässt er sich verstehen? Was bedeutet er für das Leben in seinen komplexen Bezügen? Nicht zuletzt: Wie kommt er überhaupt zustande?

Die Fragen jedenfalls hören nicht auf, sie beginnen im Grunde erst. Und so sind Luthers Auslegungen und Reflexionen auch nicht als endgültige Antworten zu verstehen, die es heute bloß zu wiederholen gilt. *Was ist das?* – die Frage ist durchaus auch an ihn selber und seine Texte zu richten. Und zwar schon deshalb, weil sie mit Überzeugungen und Begriffen argumentieren, die oftmals selbst wiederum erst erschlossen, gegebenenfalls hinterfragt werden müssen. Sie ernst zu nehmen heißt immer auch, sie kritisch zu würdigen.[4] Das bedeutet zugleich, zeitbedingte oder problematische Aussagen von denen zu unterscheiden, die für das Lebensgefühl heute jede Beachtung verdienen.

Luthers Verständnis des menschlichen Auf-Gott-Vertrauens auf jeden Fall verdient diese Beachtung. Es kann verstanden und angeeignet werden als die Beschreibung eines ganz bestimmten *Lebensgefühls*, das den Menschen in umfassender Weise ergreift, orientiert und motiviert – eben desjenigen Lebensgefühls, das sich im menschlichen Herzen, also im Zentrum der Person, glaubend ausbreitet und von da aus auf die gesamte Lebensführung ausstrahlt.

2.2 Gefühlter Glaube

Glauben ist Vertrauen, also ein Vorgang, der nicht allein kognitiv bestimmt ist. Zwar gehört zum Vertrauen zweifellos auch ein bestimmtes Wissen, aber das allein erklärt den Akt des Vertrauens nicht. Er wurzelt wesentlich in einem Gefühl. Vertrauend springt das Kind in die Arme der Mutter – aus dem wissenden Gefühl heraus, aufgefangen zu werden, welches stärker ist als die entgegenstehende Empfindung der Angst. In einem solchen Spannungsfeld steht auch der Glaube in seiner religiösen Dimension. Er besteht in einer bestimmten Gewissheit, die aus dem Lebensgefühl der Person erwächst. Zugleich aber beeinflusst und prägt er ihr Lebensgefühl – und zwar auch gegen andere, ihm widerstreitende Gefühle.

Diese Spannung durchzieht beispielhaft die oben aufgeführte mittelalterliche Spruchdichtung, die auf Martinus von Biberach zurückgeführt wird, vermutlich aber älter ist und bis in die Gegenwart hinein Autoren und Dichter inspiriert. Sie war auch Luther bekannt. Er war jedoch der Überzeugung, dass man den Spruch gerade umkehren müsste. Erst damit wird er zu einer Aussage über das Lebensgefühl christlicher Existenz, deren Grundzug der Freude mit ihrem Gegensatz umschrieben wird: »Mich wundert, dass ich traurig bin.«

In beiden Versionen kommt das menschliche Leben in seinem Woher und Wohin zur Sprache. Dabei kann dieses

Woher und Wohin offenkundig sehr unterschiedlich gedeutet werden. Entweder als tastendes Nichtwissen oder als klares Bewusstsein vom Ursprung und Ziel menschlichen Lebens. In beiden Fällen erwächst daraus ein bestimmtes Lebensgefühl, und es »verwundert« die Spannung, die sich zur momentanen Gefühlslage ergibt. Diese Spannung kann nicht allein im Blick auf Herkunft und Zukunft des Lebens entstehen, sie tut sich auch in seinen zahlreichen einzelnen Impressionen auf. So hat *Bertolt Brecht* in seinem Gedicht »Der Radwechsel« aus den »Buckower Elegien« die alten Dichtungen mit einer alltäglichen Beobachtung neu akzentuiert:

»Ich sitze am Straßenrand
Der Fahrer wechselt das Rad.
Ich bin nicht gern, wo ich herkomme.
Ich bin nicht gern, wo ich hinfahre.
Warum sehe ich den Radwechsel
Mit Ungeduld?«[5]

Die Differenzen, die hier in unterschiedlicher Weise beschrieben werden, verweisen auf eine allgemeine menschliche Erfahrung: Das Bewusstsein, welches ich von meinem Leben im Ganzen habe, und das Gefühl, in dem ich mich aktuell vorfinde, müssen nicht korrespondieren. Sie sind oft nicht deckungsgleich, können einander widerstreiten. Und das hat damit zu tun, dass in mir durchaus widersprüchliche Motive und Gefühle auftreten können, von denen nicht ausgemacht ist, welches die Oberhand gewinnt oder behält. Wirklich starker Gefühle, lustvoller wie lähmender, kann man sich jedenfalls kaum erwehren. Der Mensch – Spielball seiner Gefühle?

Das ist er sicher oft genug. Und doch ist es keineswegs bedeutungslos, welches Bild vom Woher und Wohin des

Lebens sich jemandem erschlossen hat. Luther stellt ja fest: »Mich *wundert*, dass ich traurig bin.« Wer sich so über sich wundert, gibt damit zu verstehen, dass eigentlich anderes zu erwarten wäre – nämlich eben jene Fröhlichkeit, über die sich wiederum der andere Martinus (von Biberach) wundert. Und das bedeutet: Das Bild meiner Existenz prägt grundsätzlich meine Wahrnehmungen, und zwar auch dort, wo sich Differenzen auftun. Ich kann sie als solche überhaupt nur identifizieren, indem ich sie an dem messe, was meiner Lebensgewissheit entspricht. Der Lebensgewissheit des Glaubens entspricht jedoch nicht die Traurigkeit. Für sie kann es viele nachvollziehbare Ursachen und Anlässe geben. Sie will und muss auch durchlebt werden, wegbefehlen lässt sie sich nicht. Doch in dem Maße, in dem ich mich über sie wundern kann, öffnet sich das Herz für neue Erfahrungen.

Der Glaube will zum Gefühl werden – dieser Überzeugung jedenfalls gibt Luther immer wieder beredt Ausdruck:

»Denn wo solcher Glaube da wäre, der es für sicher hielte, dass wir arme Sünder in ein ewiges Leben und Gerechtigkeit gesetzt sind, das sollte ja zum wenigsten mit einem Fünklein gefühlt werden, von dem das Herz fröhlich und mutig würde, dass wir in Anfechtung und Verfolgung nicht so verzagt wären, sondern beiden, Teufel und Welt, noch dazu trotzten und sagten: Es sei Sünde, Tod, Teufel, Welt, Papst, Kaiser so böse und zornig sie immer wollen, was frage ich danach?«[6]

Die einzelnen Frontstellungen dieser emphatischen Aussage sind charakteristisch für Luther und sein Lebensgefühl, sie tauchen bei ihm geradezu formelhaft in zahllosen Wendungen und Variationen auf. Was es heißt, wenn er von »Anfechtung« oder von »Sünde, Tod und Teufel« spricht, wird noch zu erörtern sein. Und natürlich drücken sich auch die Auseinandersetzungen mit dem Papsttum seiner Zeit aus, die heute nur noch bedingt Gültigkeit beanspruchen können, jedenfalls allein im Blick auf die darin verhandelte Sache zu beurteilen sind. Was solchen und vergleichbaren Äußerungen jedoch ihre die Zeiten übergreifende Bedeutung verleiht, ist die prägnante Beschreibung der verwandelnden Kraft des Glaubens. Er und sein Inhalt (»ewiges Leben und Gerechtigkeit«) will »gefühlt« werden, und sei es nur »mit einem Fünklein«. Wo dies geschieht, kann das Herz davon nicht unberührt bleiben. Es wird »fröhlich und mutig«, vermag auch dem zu »trotzen«, was dieser Wirklichkeit entgegensteht. Herzenssache und Gottesmut.

Glaubend breitet sich im Menschen ein bestimmtes Lebensgefühl aus. Aber was ist das überhaupt: ein *Lebensgefühl*? Was sind seine Merkmale? Was unterscheidet es von einzelnen, bestimmten Gefühlen? Und in welchem Verhältnis steht es zur reflektierenden Tätigkeit der Vernunft? Mit den weiteren Überlegungen in diesem Kapitel beschreibe ich den Horizont, vor dem ich zentrale Themen von Luthers Theologie befrage und interpretiere. Dabei greife ich Aspekte aus der theologischen, literarischen und kulturellen Tradition auf, die für den heutigen Zugang zu Luthers Denken aus meiner Sicht bedeutsam sind. Im Blick auf eine genauere Bestimmung des Begriffs »Lebensgefühl« spielt die Theologie Friedrich Schleiermachers (1768-1834) eine besondere Rolle. Sinnvoll sind diese Zwischenüberlegungen deshalb, weil der Reformator zwar die Auswirkung des Glaubens auf das Lebensgefühl des Menschen deutlich herausstreicht, er den Begriff »Lebensgefühl« selbst aber nicht oder nur in Ansätzen systematisch entfaltet. Der Leser und die Leserin sind also eingeladen, sich im weiteren Verlauf dieses Kapitels ein Stück von Luther zu entfernen, um sich dann – im Nachdenken sensibilisiert – umso gezielter auf ihn und seine Gedankengänge einlassen zu können. Auch Umwege können bereichernd sein.

2.3 Zur Eigenart der Gefühle

Gefühle – andere Bezeichnungen dafür sind Affekte (Gefühlsregungen, Leidenschaften) oder Emotionen. Das Wort »Emotion« leitet sich vom lateinischen »emovere« ab, was so viel wie »herausbewegen« bedeutet. Gefühle, Affekte oder Emotionen können also als innere Bewegungen verstanden werden, die nach außen drängen. Sie werden zum Beispiel als Freude, Lust und Liebe erlebt, aber auch als Angst, Zorn oder Hass, haben also entweder positive oder negative Qualität. Was sie verbindet, ist die Erfahrung, dass die Emotion zum Ausdruck kommen will. Dies geschieht in unterschiedlicher Intensität und Stärke, von der zarten, leisen Regung bis hin zum wilden, unkontrollierten Ausbruch.

Welche Gefühle auch immer sich in welcher Weise ausdrücken: Für sie ist es kennzeichnend, dass sie durch ein Erleben der jeweiligen Umgebung ausgelöst werden. Beispiel: Eine Person ärgert mich, ich werde zornig. Oder: Jemand lächelt mich an, ich strahle zurück. In der Reaktion auf das äußere Ereignis wird in der Gefühlsregung meine eigene innere Verfassung mobilisiert. Deshalb ist das äußere Erleben auch nicht als die direkte Ursache einer Gefühlsreaktion, sondern eher als ihr sie hervorrufender *Anlass* zu verstehen. Das wird schon daran deutlich, dass ein- und derselbe Eindruck durchaus unterschiedliche Reaktionen auslösen kann. Ich kann auf einen mir bereiteten Ärger auch mit Gelassenheit oder sogar entwaffnender Freundlichkeit reagieren. Und ob ich das Lächeln eines anderen als gewinnend empfinde, hängt stark davon ab, wie ich es intuitiv interpretiere. Es könnte ebenso als Ausdruck von

Unsicherheit oder Taktik misstrauisch beäugt und dann entsprechend erwidert werden. Das bedeutet: In unseren Gefühlsäußerungen spielt zum einen immer die Art der Beziehung zum Gegenüber eine wesentliche Rolle. Je offener und vertrauensvoller diese ist, desto authentischer können Gefühle gezeigt und beantwortet werden. Letzteres hängt zum anderen maßgeblich davon ab, wie die eigene innere Disposition beschaffen ist. Sie entscheidet darüber, welche Gefühle sich in welcher Weise »herausbewegen«. In ihren konkreten Äußerungen und spezifischen Leidenschaften kommt eine Person immer als sie selbst zum Vorschein.

Gefühle in diesem Sinne sind allerdings nicht dauerhaft stabil. Sie stehen nicht ein für alle Mal fest, sondern sind Wandlungen und Stimmungen unterworfen; sie können zu *schwankenden Gebilden* werden. Die Extreme reichen von der hellen Freude bis zur nachtschwarzen Trauer, von »himmelhoch jauchzend« bis »zu Tode betrübt«. Und dazwischen gibt es viele Schattierungen, in denen ein Mensch sein eigenes Dasein erlebt. In den meisten Fällen haben wir es mit Mischungen zu tun. Momente rein empfundenen Glücks sind selten, sie werden eben deshalb als ausgesprochen kostbar erlebt und bezeichnet: einmalig, einzigartig, unvergleichlich. Aber auch die bodenlose Trauer hat ihre begrenzte Zeit; sie kann sich wieder lösen, und damit werden für die betroffene Person neue Erfahrungen zugänglich. Meistens entwirft sich unser Tun und Lassen aber in den zahlreichen Abstufungen dazwischen, mit denen wir die breite Gefühlsskala unseres Lebens durchmessen.

Dabei stehen in der Regel bestimmte Gefühle in Spannung zueinander. Sie bilden *Gegensatzpaare*. Die Freude steht der Traurigkeit entgegen, die Zuversicht der Verzagtheit. Leere empfinden wir als Gegensatz zur Lust, Lähmung als das Gegenteil von Spontaneität. Die »Leichtigkeit des Seins« steht im Kontrast zur Schwere des Schicksals. Und auch die Hoffnung kennt als ihr Gegenteil die Verzweiflung. Gefühle entwickeln sich also im Spannungsfeld von Polaritäten oder Dualen. »Wir gebrauchen diese Duale, um mit ihrer Hilfe Grenzbegriffe oder Grenzbestimmungen einzuführen, die in unserem alltäglichen Leben niemals in Reinkultur begegnen, sondern eher Zwischenräume des Übergangs und des Wandels markieren.«[7] In diesen Zwischenräumen bewegen wir uns, in ihnen bilden sich unsere Gefühle täglich neu heraus. Wir erleben das im Grunde an jedem Morgen, zum Beispiel an der Art und Weise, wie wir den Tag begrüßen: entweder im Erleben neu erwachter Handlungsfreude, die den Tag schöpferisch erobern will, oder im Empfinden bleierner, nicht ausgeschlafener Schwere, die jede Herausforderung zu meiden sucht. Auch das sind Grenzbeschreibungen. Die Wirklichkeit dürfte oftmals irgendwo dazwischen liegen. Oder sie kann in einem »Sowohl-als-auch« bestehen: Ich freue mich auf das eine und fürchte das andere. Was beides zusammenhält, ist dann nur das eigene, mitunter fragile Ich.

2.4 Das Selbstgefühl der Person

Aber wodurch entstehen eigentlich Gefühle? Die Frage verweist auf eine tiefer liegende Schicht im Menschen, die ihn ganz grundsätzlich zu einem »fühlenden« Wesen macht. Bereits das Wort »Ge-fühl« trägt diese grundlegende Bedeutung in sich. Wir können also nicht nur (im Plural) von einzelnen so oder anders gearteten Gefühlen sprechen. Dem zugrunde liegt immer die Fähigkeit, überhaupt zu fühlen. Fühlen heißt elementar: *empfindend wahrnehmen*. Darin besteht das (im Singular zu benennende) Gefühl einer Person. Nur als Fühlende kann sie Emotionen entwickeln. Und in den konkreten Gefühlen aktualisiert sich das *Selbstgefühl* des Menschen. Was ist damit gemeint?

2.4.1 Das Ich und das Andere

Der Ausdruck »Selbstgefühl« kann in zwei Richtungen verstanden werden. Zum einen meint er das Gefühl oder Gespür, das ich *für mich* selber habe. Hier bedeutet Selbstgefühl so etwas wie intuitives Vertrautsein mit sich. Ich erlebe mich als »Ich«: in der Einzigartigkeit meiner Person, im Erleben meines Leibes, im Entstehen meiner Möglichkeiten und der Erfahrung meiner Grenzen. Das Selbstgefühl einer Person lässt sich dabei nicht an einem bestimmten Punkt ihrer biographischen Entwicklung festmachen. Es entsteht prozesshaft, ist Veränderungen und auch Krisen unterworfen. Jede pubertäre Entwicklung zum Beispiel stellt eine solche krisenhafte Wandlung des Selbstgefühls dar, in deren Durchgang der (junge) Mensch sich wieder – als derselbe und doch verändert – finden muss. Das Selbstgefühl eines Menschen ist also nicht statisch, sondern dynamisch. Jede Veränderung des Leibes, sei sie entwickelnd oder einschränkend, wirkt sich darauf aus und muss neu integriert werden.

Das Fühlen richtet sich aber niemals allein auf mich selbst. Denn ich kann mich nur selber fühlen, indem ich zugleich andere und anderes erlebe. Das ist die zweite ursprüngliche Dimension des menschlichen Selbstgefühls. Fühlend erlebt der Mensch *seine Welt*. Und nur insofern sie sich ihm erschließt, eröffnet und zu erleben gibt, kann er ein Gespür für sich ausbilden. Man kann sich diesen Zusammengang an der gegenteiligen Erfahrung klarmachen, indem man sich etwa eine vollkommen isolierte Person vorstellt: abgeschnitten von anderen Menschen und der belebenden Erfahrung der Natur, gefangen in der Dunkelheit eines Raumes, mit deren Dauer sukzessive auch jedes Zeitgefühl schwindet. Es ist eine Situation der Verlorenheit. Denn mit dem fühlenden Bezug zur Welt würde eine solche Person, früher oder später, genauso sich selbst verlieren.

Emotional überleben könnte sie nur, indem sie in der Erinnerung Halt fände an jenen Bildern und Szenen, in denen die Erfahrung geteilten Lebens sie selbst konstituiert hat. Aber der Mensch ist nicht für das Verlies geschaffen, er ist auf fühlende, öffnende Wahrnehmung hin angelegt. *Friedrich Hölderlins* wunderbare Aufforderung kann als poetische Ermunterung in diesem Sinne verstanden werden:

»Komm! ins Offene, Freund!«[8]

Fühlend erleben wir uns immer kopräsent mit anderem und anderen, also in einer Gegenwart, die wir mit ihnen teilen. Auf dieser elementaren Ebene kann unter dem Ausdruck Gefühl »das je individuelle, durch Anderes bestimmte Selbstgefühl«[9] verstanden werden. Im Gefühl erschließt sich – mit einem tiefsinnigen Wort Henrik Steffens', das *Friedrich Schleiermacher* in seiner Glaubenslehre aufgegriffen und bekannt gemacht hat – »die unmittelbare Gegenwart des ganzen ungeteilten Daseins«[10]. Fühlend ist der Mensch auf die Wirklichkeit im Ganzen bezogen, deren unterschiedliche Facetten in seinem Empfinden zusammenkommen.

2.4.2 Reflektiertes Selbstgefühl

Dieses Selbstgefühl liegt allem Nachdenken des Menschen über sich und sein Erleben zugrunde. Es ist präreflexiv, ist also dem Denken vor-gegeben und bildet darin ein »unmittelbares Selbstbewusstsein«, wie es Schleiermacher nennt (s. Anhang). In seinem Gefühl ist sich der Mensch in nicht hintergehbarer Weise intuitiv selbst gegeben. In der *Reflexion* beziehen wir uns darauf; sie ist, mit *Leibniz'* schöner Definition, »nichts anderes als die Aufmerksamkeit auf das, was in uns ist«[11]. Unmittelbares Selbstgefühl und das sensible Nachdenken über seine Bedeutung bzw.

seinen Inhalt sind also sachlich zu unterscheiden, auch wenn die Reflexion durchgängig das Leben begleitet und bestimmt. Denken heißt in einem elementaren Sinn immer Nach-denken. Reflektierend ist der Mensch bewusst auf *sich selbst* bezogen.

Das ist nicht gleichzusetzen mit der (problematischen) Haltung, die man gemeinhin als Egoismus bezeichnet. Wer sich egoistisch verhält, denkt *nur* an sich, blendet also die anderen Bezüge seines Daseins bewusst oder unbewusst aus. Davon grundsätzlich zu unterscheiden ist die Möglichkeit des Menschen, sich selbst zu thematisieren. Jedes Nachdenken über mein Leben, meine Ziele, Hoffnungen oder Krisen, ist ein Vorgang, in dem ich mich auf mich selbst beziehe – sei es kritisch oder bestätigend, nachgehend oder vorausschauend. Ich trete, bildlich gesprochen, aus mir selber heraus, schaue mich an, mache mich mir zum Gegenüber, zum »Gegenstand«. Dies ist gemeint, wenn von der bewussten Selbstbeziehung des Menschen die Rede ist. Sie bezeichnet Schleiermacher als »vermitteltes Selbstbewusstsein«.

Die damit gegebene Möglichkeit ist von großer Tragweite. An ihr entscheidet sich nämlich, ob und inwieweit wir unsere Lebensverhältnisse selber verändern und gestalten können. Jede Veränderung im persönlichen (aber auch im gesellschaftlichen!) Bereich setzt ja voraus, dass eine bestimmte Situation nicht einfach fraglos akzeptiert wird. Sie zu benennen ist dabei der erste grundlegende Vorgang. Benennen bzw. bezeichnen bedeutet: erfassen, eingrenzen, einordnen, damit in gewisser Weise handhabbar machen. Alles das sind Leistungen der Vernunft. Sie sind eine wesentliche Voraussetzung dafür, dass eine Situation beleuchtet und auf ihr Gestaltungspotential hin überprüft werden kann. In der kritischen Reflexion wird das Selbstgefühl auf seine es bestimmenden Momente hin analysiert. Sie werden unterschieden, können gewichtet und in ihren unterschiedlichen Beweggründen gedeutet werden. Therapeutische Prozesse zum Beispiel sind nur unter dem Gesichtspunkt denkbar, dass wir ein eigenes Verhältnis zu uns selbst aufbauen, um einen produktiven Umgang mit den eigenen vorhandenen äußeren oder inneren Zwängen zu finden. Und das bedeutet ganz grundsätzlich, dass ich in der bewussten Reflexion mein Selbstgefühl zwar nicht selber hervorbringen, es wohl aber wahrnehmen und bedenken kann, indem ich mich mit ihm, eben auch vernunftgeleitet, auseinandersetze. In dieser Weise kann das menschliche Selbstgefühl reflektierend – gewiss in einem eingeschränkten Rahmen – beeinflusst und gesteuert werden.

2.4.3 Die Beschreibung der Liebe

Dieselbe Relation von ursprünglichem Gefühl und seiner Beschreibung besteht ebenso für die im Selbstgefühl verankerte Beziehung zu anderen und anderem. Auch diese erleben wir einerseits unmittelbar, und zugleich ist sie für Deutung und Korrektur offen, ihrer sogar bedürftig. Die dichteste und beglückendste, darin aber zugleich gefährdetste Erfahrung in diesem Kontext ist die *Liebe*. Die Liebe ist das Gefühl, das wohl am ausgeprägtesten nicht nur für Beschreibungen offen ist, sondern diese geradezu verlangt und aus sich hervorbringt. Kein Moment des menschlichen Zusammenlebens jedenfalls dürfte öfter in Worte gefasst, reflektiert oder besungen worden sein als die Liebe. In ihr drängt das Gefühl immer neu zur Sprache und zum Ausdruck.

Dieses Zur-Sprache-Kommen kann theologisch und philosophisch, erzählend oder poetisch erfolgen. Nicht selten gehen die Formen auch ineinander über, was mit ihrem Inhalt zu tun hat. Die Emotionalität der Liebe ist facettenreich. So bildet *Hegels* berühmte Definition der Liebe einen zentralen Angelpunkt seiner gesamten philosophischen Konzeption, und sie ist darin zugleich von außergewöhnlicher sprachlicher Schönheit und Dichte:

»Das wahrhafte Wesen der Liebe besteht darin, das Bewusstsein seiner selbst aufzugeben, sich in einem anderen Selbst zu vergessen, doch in diesem Vergehen und Vergessen sich erst selber zu haben und zu besitzen.«[12]

Dieses Motiv, sich im Anderen erst selbst zu gewinnen, taucht in zahlreichen Variationen auf, mit denen vor allem in der Zeit der Romantik das Lebensgefühl der Liebe beschrieben wird. Eine poetisch besonders eindrucksvolle Wendung findet *Friedrich Rückert* in seinem emphatischen Liebeslied (s. Anhang), das *Robert Schumann* als »Widmung« (op. 25,1) ebenso hinreißend vertont hat:

»Dass du mich liebst, macht mich mir wert.«

Beschreiben bedeutet hier, etwas mit Worten zu erfassen suchen, was sich den Worten doch zugleich entzieht, da es als Gefühl dem Verstand »nicht untertan« ist. Der Dichter *Reiner Kunze* greift diese Erfahrung auf, indem er die Liebe als »eine wilde rose in uns« bezeichnet, die vom Verstand »unerforschbar« ist. Was sein Gedicht (s. Anhang) zugleich von vielen anderen abhebt, ist die Bedeutung, welche es dem Verstand dennoch für die Liebe zumisst. Er vermag ihr, der »wilden rose«, nämlich einen Himmel »zu schneiden«, und zwar »durch hundert zweige«. Wohlgemerkt: Nicht an der »wilden rose« wird das »messer« des Verstandes angesetzt, sondern ihr muss durch ihn der »himmel« freigeschnitten werden, damit sie atmen und leben kann. Dabei deutet die Metaphorik des Himmels an, in welcher besonderen Weise wir in der Liebe auf eine Letzterfüllung unseres Daseins bezogen sind.

Von ihr fragt es sich allerdings, wodurch sie dem Menschen zuteilwird. Die Erfüllung in der Liebe mag ein Vorschein des Vollkommenen sein, doch vor allem sie erweist sich als besonders zerbrechlich. Sie kann sich verlieren im Alltäglichen, als Gefühl abstumpfen und im Extremfall sogar in ihr Gegenteil, den Hass, umschlagen. Die menschliche Liebe, gerade sie, dürfte also hoffnungslos mit Erwartungen überfrachtet werden, sobald sie des Menschen Seligkeit verbürgen soll. Nur als Moment jener Endlichkeit, die dem Geschöpf im Ganzen zukommt, kann sie in ihren wahrhaft erfüllenden Impulsen erlebt und gelebt werden. Auch die Liebe ist eingebettet in das umfassende Lebensgefühl, von dem die Person ergriffen ist.

2.5 Woher? Wohin? Wozu?

Mit dem Ausdruck *Lebensgefühl* wird das, was als Selbstgefühl verstanden werden kann, aufgegriffen und zugleich erweitert. Denn in ihrem Lebensgefühl erlebt jede Person ihre Existenz in umfassender Weise einbezogen in den Kreislauf und die Entwicklung alles Lebendigen, dessen Teil sie ist. So nehmen zum Beispiel gesellschaftliche Trends oder Moden (oft unbewusst) Einfluss auf die Art, wie wir uns selber fühlen und uns dann dementsprechend zeigen oder geben – etwa in der Weise, wie wir uns kleiden. Solche Einflüsse mit den hinter ihnen stehenden kulturellen und technischen Entwicklungen stehen nicht ein für alle Mal fest, sie sind wandelbar. Zur Charakteristik unserer Zeit gehört dabei die Erfahrung, wie sich dieser Wandel in einem Tempo vollzieht, das sich zunehmend beschleunigt. Die vollständige digitale Durchdringung des Alltags beispielsweise, in der das Smartphone zum unentbehrlichen Begleiter wird, wäre in dieser Form noch vor etlichen Jahren undenkbar gewesen. Damit einher gehen Möglichkeiten, aber auch Zwänge (etwa zur eigenen Dauerrepräsentation via »facebook«), welche das Selbstempfinden des Einzelnen in seinen Lebensbezügen stark beeinflussen.

In diesem Wandel jedoch bleiben Fragen, die auch in den Prozessen der Veränderung – ja gerade in ihnen! – immer neu auftauchen. Sie gehören zu den anthropologischen Grundkonstanten: Woher komme ich? Wohin gehe ich? Wer bin ich? Diese Fragen stellen zu können, zeichnet unter allen Geschöpfen allein den Menschen aus. Und nur vor ihrem Horizont kann sich ein zusammenhängendes Lebensgefühl entwickeln, das sich nicht in den Moden des Alltags und den Trends der Zeit erschöpft oder verliert.

Dass es sich hierbei um Menschheitsfragen handelt, wird unter anderem daran deutlich, dass diese Trias in der Kulturgeschichte in verschiedenen Varianten immer wieder auftaucht. Nicht nur in der kirchlichen Kunst, ebenso in der säkularen Malerei ist sie anzutreffen, besonders beeindruckend etwa in dem berühmten Südsee-Gemälde *Paul Gauguins*: »Woher kommen wir? Wer sind wir? Wohin gehen wir?« Auch im Film kommen die Fragen zum Vorschein. Ein eindrucksvolles Beispiel bildet hier der Film *Blade Runner* (erschienen 1982) von Ridley Scott, der deshalb ausführlicher vorgestellt bzw. in Erinnerung gerufen werden soll.

Die Handlung erzählt in der Tradition des film noir eine fiktionale Geschichte, die im Los Angeles des Jahres 2019 spielt. Sie entspinnt sich in der Szenerie einer verdüsterten Stadt, in der die Sonne dauerhaft hinter Wolken verhangen ist, aus denen es ununterbrochen regnet. Es ist eine Zeit, in der gentechnisch modellierte Figuren, sogenannte »Replikanten«, hergestellt werden können, die sich äußerlich in nichts von Menschen unterscheiden, außer dass sie über außergewöhnli-

che körperliche Kräfte und mentale Fähigkeiten verfügen. Sie sind für den Arbeitseinsatz auf den Außenposten der Menschheit in den Weiten des Weltraums bestimmt. Damit sie sich wie Menschen fühlen, werden ihnen künstlich biographische Erinnerungen eingepflanzt. Nur dadurch, dass in diesen Erinnerungen mit einem Test Lücken oder Widersprüche festgestellt werden, sind sie überhaupt als Kunstwesen identifizierbar. Die Story, zu der natürlich auch eine bewegende Liebesgeschichte gehört, erzählt von vier dieser Wesen, denen es gelungen ist, unerkannt aus dem Weltraum auf die Erde zu gelangen; das ist ihnen streng verboten, da man ihre überlegenen Fähigkeiten fürchtet. Ihr Motiv: Sie suchen ihren »Schöpfer«. Denn ihre Lebensdauer ist vorprogrammiert, und sie wollen ihren Erschaffer dazu bringen, die Spanne zu erweitern. Doch das und ihre Freiheit sind nicht vorgesehen, und so wird Rick Deckard (gespielt von Harrison Ford in dem Film, der ihn berühmt gemacht hat) als »Blade Runner« beauftragt, die Replikanten zu jagen und »aus dem Verkehr zu ziehen«. Dies gelingt ihm nach und nach bei dreien, nur gegenüber der vierten Figur (»Roy«, unvergesslich dargestellt von Rutger Hauer) erweist er sich als machtlos: Sie ist einfach zu überlegen. Im Showdown über den Dächern von Los Angeles ist er hilflos seinem Kontrahenten ausgeliefert, und Deckard überlebt nur, weil Roy ihn überraschend vor dem Absturz bewahrt und dann vor seinen Augen »stirbt«. Seine Zeit ist abgelaufen.

Eindringlich behandelt der Film Grundaspekte menschlichen Lebens, zeichnet sie in religiöse Metaphern und mythologische Anspielungen ein. Wie ist es, seinem eigenen Schöpfer zu begegnen? Welche Rolle spielen Erinnerungen für die eigene Identität? Wie beeinflussen uns Gefühle? Interessanterweise sind es die »Replikanten«, die zunehmend starke Emotionen entwickeln und zeigen, während die Menschen teilweise maschinenhaft agieren. Wer ist hier eigentlich künstlich, wer menschlich? Die Grenzen verfließen. Berühmt geworden ist der Film aber nicht zuletzt durch seine Schlussszene, in der »Roy« zu seinem ergreifenden Monolog ansetzt: »Ich habe Dinge gesehen, die ihr Menschen niemals glauben würdet. Gigantische Schiffe, die brannten, draußen vor der Schulter des Orion. Und ich habe Seabeams gesehen, glitzernd im Dunkel nahe dem Tannhäuser Tor. All diese Momente werden verloren sein in der Zeit, so wie Tränen im Regen. Zeit zu sterben.« Und in der erschütterten Betrachtung dieses Verlöschens bewegen Deckard folgende Gedanken: »Ich weiß nicht, warum er mein Leben gerettet hat. Vielleicht hat er in seinen letzten Augenblicken das Leben mehr geliebt als je zuvor. Nicht nur sein Leben, das eines jeden, mein Leben. Alles, was er wollte, waren die Antworten, die wir alle wollen: Woher komme ich? Wohin gehe ich? Wieviel Zeit bleibt mir? Alles, was ich tun konnte, war dasitzen und zusehen, wie er starb.«

Diese Grundfragen tauchen auf, wenn vom Lebensgefühl die Rede ist. Die Antworten, die sich einem Menschen auf sie erschließen, beeinflussen und prägen sein Dasein in der Welt. Und das gilt für *alle* Überzeugungen, die hier zur Geltung kommen können. So unterschiedlich sie ihrem Inhalt nach auch sein mögen, in ihnen zeigt sich die religiöse Dimension menschlichen Daseins. Denn die religiöse Grundfrage ist die nach dem Woher, Wohin und Wozu, nach dem Ursprung, Ziel und Sinn des Lebens. Insofern kann und muss man den Menschen als *religiöses Wesen* bezeichnen, in der ursprünglichen Bedeutung des Wortes »religio«, das die Rückbindung an eine Instanz meint, die letzten Halt verspricht. Wir sind in allen Lebensäußerungen davon abhängig, welches Bild des Lebens uns im Herzen, also im Zentrum der Existenz, bestimmt und bewegt.

In der Reflexion auf das Lebensgefühl und seine Bedingungen erwächst nun das, was wir als *Lebens-* oder auch

Daseinsgewissheit bezeichnen können. Auch hier gilt: Das Lebensgefühl ist dem Nachdenken über seine Inhalte vorgegeben. Wir können es nicht selber hervorbringen, wir können uns ihm aber beschreibend nähern und uns mit seinen Konstanten gezielt auseinandersetzen. Und dieser Vorgang ist grundlegend für jede eigenständige, zusammenhängende Lebensführung. Sie ist nur denkbar auf der Basis einer bewussten Vorstellung, welche ich von meinem Leben im Ganzen habe. Handelnd ist der Mensch auf Gewissheiten angewiesen, die ihm Orientierung und Richtung geben. Solche Gewissheiten, die aus dem Lebensgefühl gewonnen werden, sind deutlich stabiler als einzelne Gefühle, die situativ entstehen. Deshalb können Lebensgewissheiten selbst in Krisen bestehen und sie überwinden helfen. Doch auch sie sind nicht unwandelbar. Sie bilden sich mit der Biographie einer Person heraus, können erschüttert und müssen dann neu gefunden werden. Die Inhalte einer Lebensgewissheit können sich weiterentwickeln oder verändern; auf die Gewissheit selbst bleibt der Mensch angewiesen. In ihr kommt ihm sein Lebensgefühl mit seinen Bezügen und Wandlungen immer neu zum Bewusstsein.

2.6 Gottesbeziehung

Damit zeigt sich insgesamt eine weitere, dritte Dimension des menschlichen Lebensgefühls. In diesem sind wir nämlich in ursprünglicher Weise nicht allein auf uns selbst und anderes bezogen, sondern darin zugleich auf einen Sinnhorizont verwiesen, der das Leben im Ganzen umfängt und trägt. Zugespitzt formuliert: In seinem Selbstgefühl ist der Mensch in nicht hintergehbarer Weise *auf Gott* bezogen.

Diese Feststellung mag provozierend oder sogar ärgerlich klingen, wenn man darin die Unterstellung vermutet, dass jeder Mensch im christlichen Sinne gläubig ist, und sei es unbewusst. So ist es aber natürlich nicht gemeint. Der christliche Glaube versteht sich nicht von selbst; er schließt vielmehr eine spezifische Deutung des Lebens ein, deren Zustandekommen ihrerseits von besonderen Bedingungen abhängt. Damit eröffnen sich Antworten von der Art, »die wir alle wollen«. Sie werden aber nicht von allen geteilt. Und erst recht verfügen wir nicht über sie, sondern sie gehen uns auf; sie müssen uns also erst einleuchten, bevor wir uns glaubend auf sie einlassen können.

Wohl aber gilt grundsätzlich, dass sich innerhalb der religiös bestimmten Beziehung jedes Tun oder Lassen vollzieht, und zwar auch dann, wenn sich der Mensch darüber selbst nicht im Klaren ist oder es unbewusst geschieht. Worauf wir uns – im Leben wie im Sterben – verlassen, das orientiert uns in der Tiefe unseres Selbstgefühls, das treibt uns im Letzten an, das motiviert uns in Wahrheit. In dieser weiten Perspektive hat der Philosoph *Ludwig Wittgenstein* die Frage nach Gott als die Frage nach dem Sinn meines Daseins beschrieben.

»An einen Gott glauben heißt, die Frage nach dem Sinn des Lebens verstehen. An einen Gott glauben heißt sehen, dass es mit den Tatsachen der Welt noch nicht abgetan ist. An einen Gott glauben heißt sehen, dass das Leben einen Sinn hat.«[13]

2.6.1 Name und Begriff

Der Ausdruck »Gott« steht insgesamt für die Erfahrung und Einsicht, dass mein Lebensgefühl einer Deutung bedarf, die sich nicht allein aus dem Kontext meiner Existenz in der Welt erschließt, sondern diese durchdringt und umschließt. Dabei hat das Wort »Gott« eine doppelte Bewandtnis: Es ist zugleich Name und Begriff.[14] Als Name taucht es zum Beispiel in der Sprache des Gebetes auf, mit der Gott, meistens verbunden mit einem Adjektiv, angeredet wird:

»Guter Gott«, »Barmherziger Gott«, »Allmächtiger Gott«. Die Adjektive signalisieren in unterschiedlicher Weise die Vertrautheit des Betenden mit seinem Gegenüber. Gott wird mit Eigenschaften benannt, die der Mensch bereits erfahren hat und auf die hin er ihn nun betend erneut anspricht. Solche Erfahrungen mit Gott können aber zugleich begrifflich erfasst werden. Mit Begriffen bezeichnen wir ganz allgemein Eindrücke oder Vorgänge, die sich uns zeigen oder zu erkennen geben. Wörter stellen beschreibende Annäherungen an das Erlebte dar. Als solche sind sie immer unvollkommen, da jedes Erleben vielfältiger ist als das Wort oder der Satz, welcher es umreißt. Begriffe sind aber zugleich unvermeidlich, denn mit ihnen bringen wir generell zum Ausdruck, was wir eigentlich meinen, wenn wir von etwas reden. Nur unter dieser Voraussetzung können wir verschiedene Erfahrungen überhaupt miteinander kommunizieren. Das gilt für jede Erfahrung, und es gilt erst recht für die Rede von Gott.

2.6.2 Gottesdeutungen

In der theologischen Tradition wird der Begriff »Gott« unterschiedlich akzentuiert. Was die verschiedenen Bestimmungen verbindet, ist die Einsicht, dass der Gottesbegriff nur in seiner Bedeutung für den Menschen und seine Lebenswirklichkeit angemessen zur Sprache gebracht werden kann. *Rudolf Bultmann* etwa versteht mit einer einflussreich gewordenen Formulierung »Gott« als »die Alles bestimmende Wirklichkeit« (s. Anhang). Dieser Gedanke schließt ein, dass es keinen Moment im menschlichen Leben und Zusammenleben gibt, der nicht in irgendeiner Weise mit Gott in Beziehung steht. Aus diesem Grund kann es, wenn der Ausdruck »Gott« überhaupt einen Sinn haben soll, auch keinen »neutralen« Standpunkt ihm gegenüber geben. Jedes scheinbar objektive Reden *über Gott* verfehlt seinen Gegenstand, da es so tut, als gäbe es eine Perspektive außerhalb der von Gott bestimmten Wirklichkeit. Es lässt sich deshalb nur, im strengen Sinn des Wortes, *von Gott* reden, nämlich in jener existenziellen Betroffenheit, welche in die Geschichte Gottes mit den Menschen eingeschrieben ist.

Schleiermacher erfasst den menschlichen Gottesbezug als ein entscheidendes Moment im Selbstbewusstsein bzw. Selbstgefühl der Person, nämlich als das Gefühl »schlechthinniger Abhängigkeit« (s. Anhang). Diese in der Theologiegeschichte berühmt gewordene Wendung dürfte freilich dem heutigen Sprachgebrauch fremd oder missverständlich sein und bedarf deshalb der Erläuterung. Was Schleiermacher mit »schlechthinnig« meint, kann verständlicher als »alles umfassend«[15] zum Ausdruck gebracht werden. Auch der Begriff »Abhängigkeit« weckt heute wohl unbeabsichtigte negative Assoziationen, die am Kern der Sache vorbeigehen. Woran gedacht ist, lässt sich vielleicht mit der Erfahrung des »Angewiesenseins« angemessener erschließen. Was aber verbindet sich mit diesem Gefühl eines *alles umfassenden Angewiesenseins*?

Schleiermacher kommt zu seiner Formulierung, indem er das menschliche Leben fundamental durch zwei Dimensionen gekennzeichnet sieht. Wir sind einerseits relativ frei, das eigene Dasein selber zu gestalten, indem wir uns für bestimmte Ziele und die ihnen entsprechenden Handlungen entscheiden. Andererseits sind wir ständig darauf angewiesen, dass uns anderes zuteilwird, das wir nicht selber hervorgebracht haben, sondern das wir nur empfangen können. Wir sind also immer beides zugleich: passiv und aktiv, oder – wie es Schleiermacher bezeichnet – *empfänglich* und *selbsttätig*. Beide Momente stehen in einem Wechselverhältnis; sie widersprechen sich nicht, sondern ergänzen einander, wobei die empfängliche Seite des Menschen die grundlegende ist. Der Ausdruck »empfänglich« ist in diesem Zusammenhang nicht nur schöner, sondern auch treffender, da er einem Missverständnis des Wortes »passiv« wehrt. Alle Assoziationen, die an »untätig«, »gleichgültig« oder »unbeteiligt« denken lassen, sind dabei nämlich auszuschließen. Die Passivität, von der hier die Rede ist, meint im Gegenteil eine Form bewusster und fühlender Offenheit für das, was mir im anderen begegnet, was mir durch ihn geschieht und geschenkt wird. Dies ist mit der empfänglichen Seite des Menschen angesprochen; in ihr erfährt er sich durch das Erleben des anderen in intensiver Weise selbst. Und diese Erfahrungen sind grundlegend für alle aktiven Gestaltungsvorgänge. Ich kann nur das wollen, was ich zuvor erfahren und empfangen habe. Die Empfänglichkeit des Menschen begründet seine Selbsttätigkeit.

In seinem empfangenden Angewiesensein erfährt sich der Mensch nun zugleich auf eine Instanz verwiesen, die alle innerweltlichen Instanzen umgreift. Denn diese sind grundsätzlich abhängig von etwas, was ihnen vorausgegangen ist und sie dadurch bedingt hat. Das gilt zum Beispiel für den nahen oder weiteren sozialen Kontext, aus dem heraus wir uns entwickeln – am ursprünglichsten in der Beziehung von Eltern und Kindern. Dieser Kontext jedoch besteht seinerseits nicht aus sich selbst, sondern hängt in seinen zahlreichen Facetten von vorhergehenden Bedingungen ab, die ihm erst Inhalt und Form gegeben haben. Und das gilt für alle innerweltlichen Zusammenhänge, die unser Dasein betreffen. Das letztliche *Woher* unseres Angewiesenseins kann deshalb nur als *transzendentes* (also den innerweltlichen Zusammenhang übersteigendes, umfassendes) verstanden werden. Mit diesem Ausdruck »Woher« versucht Schleiermacher den Sinn des Gottesbegriffs zu erfassen. Er bezeichnet das im »Selbstbewusstsein mitgesetzte *Woher* unseres empfänglichen und selbsttätigen

Daseins«. Genau das sei »die wahrhaft ursprüngliche Bedeutung« des Ausdrucks Gott.

Diese Bestimmung ist freilich ebenso präzise wie offen. Denn wie jenes »Woher« inhaltlich gefasst werden kann, von welchem Gott also die Rede ist, darüber wird an der Stelle keine Aussage getroffen. Insofern begegnet uns hier eine ganz allgemeine Beschreibung des religiösen Grundgefühls des Menschen, das in seinem Selbstgefühl immer enthalten, »mitgesetzt« ist. Eben dieser Gedanke aber macht deutlich, dass Religiosität ein konstitutiver Bestandteil menschlicher Existenz ist. Sie ist keine Beigabe, die sein oder auch nicht sein kann. In seinem religiösen Empfinden versichert sich der Mensch vielmehr in elementarer Weise eines *Grundes*, der sein Dasein insgesamt trägt: seine Empfänglichkeit wie seine Selbsttätigkeit, sein Tun und Lassen, sein Hören und Reden, seinen Glauben und sein Wissen, seine Vergangenheit und Zukunft.

2.6.3 Drei Grundbeziehungen

Zusammenfassend ist festzuhalten, dass sich der Mensch in seinem Lebensgefühl grundsätzlich in einem dreifachen Beziehungsgefüge vorfindet: in der Beziehung zu sich selbst, in der Beziehung zur Mitwelt und in der Beziehung zu Gott. Für diese drei Grundbeziehungen ist es kennzeichnend, dass sie *gleich ursprünglich* sind. Das meint zweierlei:

- Sie sind mit dem Menschsein untrennbar gegeben und können deshalb auch nicht zum Verschwinden gebracht werden. Das gilt, wie verdeutlicht wurde, auch und gerade für die Beziehung zu Gott. Alle drei Beziehungen gehören gleich *ursprünglich* zum Menschen.
- Sie sind nicht durcheinander ersetzbar. Eine jede Beziehung drückt eine unverzichtbare Dimension menschlichen Lebens aus, die von der anderen nicht übernommen werden kann. Sie sind insofern *gleich* ursprünglich.

> Sehr wohl aber bedingen und beeinflussen sich die verschiedenen Beziehungen gegenseitig und stehen deshalb in einem dauernden Wechselverhältnis.

Obwohl die drei Daseinsbezüge ihre jeweils eigene, unverwechselbare Bedeutung haben, hat die Beziehung zu Gott für die beiden anderen (zu mir selbst und zu der Welt) insofern einen grundlegenden Stellenwert, als in ihr der Sinn meiner Existenz, ihr Ursprung und ihr Ziel zur Debatte stehen. Umgekehrt werden die anderen Bezüge meines Daseins dadurch nicht abgewertet; im Gegenteil, sie erhalten im Rahmen der religiösen Dimension ihr eigenes, spezifisches Gewicht. Was mir als Grund und Ziel meines Lebens erscheint, das drückt sich sowohl in meinem Selbsterleben wie auch meinen Handlungen aus, gibt diesen Orientierung und Motiv.

2.7 Fragen des Glaubens

Der Akt, in und mit dem diese religiöse Beziehung gelebt wird, ist der *Glaube*. Er erwächst aus dem Lebensgefühl der Person, zugleich aber wirkt er auf dieses zurück, prägt und bildet es aus. Glaube und Lebensgefühl beeinflussen sich wechselseitig – in all den Dimensionen, die im Vorangegangenen dargestellt wurden. Diese grundlegende Bedeutung des Glaubens für die menschliche Lebensführung gilt unabhängig von seinem Inhalt. Sie gilt nicht nur für die unterschiedlichen Religionen oder Konfessionen, sondern auch für Weltanschauungen, welche den Gottesbezug explizit ausschließen. Denn selbst in diesem Fall bleiben die religiösen Grundfragen des Lebens bestehen, auch wenn sie nicht-religiös beantwortet werden. Mit dem Glauben ist dem Menschen eine Sinnorientierung (auf-)gegeben, die sein Dasein begründet.

Für die Art und Qualität des Lebensgefühls freilich macht es sehr wohl einen Unterschied, worauf sich der Glaube richtet, an wen und was er sich hält. Und damit stellen sich für den Glauben unausweichlich Fragen:

- Wer ist wahrhaft Gott bzw. wer kann es sein?
- Wie ist er dem Menschen gegenüber gesinnt?
- Wie kann es zur Erfahrung Gottes kommen?
- Welches Gefühl bildet sich damit im Menschen aus?
- Zu welchen Handlungen motiviert es ihn?

Es sind genau solche Fragen, die Martin Luther bewegt haben. Sein Ringen um tragfähige Antworten macht ihn bis heute zum inspirierenden Gesprächspartner über die religiösen Grundlagen menschlicher Existenz. Befragt man sein Verständnis des Glaubens, dann handelt es sich dabei insgesamt »nicht nur um eine Sache des Kopfes, sondern grundlegend, zuerst und zuletzt, des Herzens [...], der Empfindung des ›ganzen und ungeteilten Daseins‹; also nicht nur um eine Bestimmtheit des Intellekts, sondern zugleich des Lebensgefühls; und damit auch des Affekts, der Neigung, des Triebs und des Strebens«[16]. Der Glaube stimmt »das Herz fröhlich und mutig«, wie Luther betont, und sei es nur eine Spur. Das verleiht dem Menschen gestaltende Kraft, die selbst dann nicht bedeutungslos wird, wenn sie auf Widerstand stößt oder im Ergebnis bruchstückhaft bleibt.

Doch was ist, wenn der Glaube selber schwindet oder bedeutungslos wird? Was geschieht, wenn der Mensch von der befreienden Wirklichkeit Gottes nichts fühlt, nicht einmal ein »Fünklein«? Fraglos gibt es diese Situationen, und sie sind ernst zu nehmen. Für Luther jedenfalls waren sie alles andere als eine nur theoretische Angelegenheit. Er hat sie selbst erlebt. In der letzten Zuspitzung entwickelt sich seine Theologie vor dem Hintergrund, das *Nichts zu fühlen*. Darin entschwindet dem Menschen neben den anderen

Konstanten seines Daseins auch die Fähigkeit zu glauben. Welche Bedeutung kann die Rede von Gott dann noch haben? Ohne sich auch mit dieser Erfahrung auseinanderzusetzen, kann über das Lebensgefühl des Glaubens nicht in seiner ganzen Bedeutung und Tiefe nachgedacht werden.

3

»WORAN DU DEIN HERZ HÄNGST, DAS IST DEIN GOTT« – GLAUBE ALS VERTRAUEN

Gott nennt man denjenigen oder dasjenige, von dem man alles Gute erwartet und bei dem man Schutz sucht in allen Notfällen. Einen Gott zu haben ist also nichts anderes, als ihm von Herzen zu vertrauen und zu glauben ... Denn die beiden gehören zusammen, Glaube und Gott. Woran du nun (sage ich) dein Herz hängst und verlässt dich darauf, das ist eigentlich dein Gott.

»Woran du dein Herz hängst und verlässt dich darauf, das ist dein Gott« – was Vertrauen meint, beschreibt dieser Satz in geradezu poetischer und dabei nicht minder präziser Weise. Luther konnte so formulieren: anschaulich und reflektiert, zugespitzt und lebensnah. Zu einem erheblichen Teil macht das die breite Wirkung seiner Worte aus. Dieser Satz ist ein Beispiel dafür. Er ist ebenso einfach wie vielschichtig, in seiner Pointe herausfordernd und in der Logik, der er folgt, bezwingend. Ihm in seinen verschiedenen Dimensionen nachzugehen, erschließt ein Kernstück lutherischer Theologie.

Luther kommt zu dieser Formulierung in seiner Auslegung zum Ersten Gebot im Großen Katechismus (1529). Diese steht deshalb auch im Zentrum der folgenden Überlegungen. Dabei zeigt sich, dass die dort gewonnenen Einsichten über sich hinaus weisen und mit innerer Folgerichtigkeit auf einen größeren Zusammengang verweisen. Auch in der Theologie hängt alles mit allem zusammen. Beginnt man an einem Stück nachzudenken, dann ergeben sich Aspekte und Fragen, die nur im Kontext weiterer Einsichten aufgegriffen und behandelt werden können. So auch hier: Was den Glauben ausmacht, wie er in sich strukturiert ist, was sein Wesen darstellt – das alles verdeutlicht Luther an der Bedeutung und Reichweite des Ersten Gebots. Dass der Glaube wesentlich Vertrauen ist, wird hier exemplarisch und grundlegend dargestellt. Doch was diesen Glauben hervorbringt, begründet und trägt, kann nicht mehr alleine im Nachdenken über das Gebot begriffen werden. Es erschließt sich nur, wenn andere Glaubensaussagen hinzugezogen werden.

Und das liegt in der Natur der Sache selbst. Denn wenn von einem Gebot die Rede ist, ist immer davon die Rede, was der Mensch tun *soll*. In dieser Hinsicht fasst Luther den Sinn des Ersten Gebots dann auch in den bereits erwähnten Merkvers: »Wir sollen Gott über alle Dinge fürchten, lieben und vertrauen.« Für dieses Sollen gibt es viele gute Gründe, die sich theologisch auch einsichtig machen lassen. Ihm nachzukommen muss für den Menschen keine Fremdbestimmung bedeuten; im Gegenteil, es kommt ihm und seiner Lebensführung zugute. Aber kann Vertrauen, gleich in welcher Hinsicht, geboten sein? Wenn es darum geht, ob ich vertrauen *kann*, genügt ein Gebot jedenfalls nicht. Im Blick auf die darin angesprochene Sache mag es nachvollziehbar und schlüssig sein. Doch das Vertrauen selber kann nur zwanglos entstehen; es entzieht sich als Akt jedem Gebieten, kann nur durch Erfahrungen ermöglicht werden und frei erfolgen.

Das Faszinierende an Luthers Verständnis des Vertrauens besteht unter anderem darin, wie in ihm diese verschiedenen Perspektiven zusammenfinden. Ja, es macht Sinn, Gott über alle Dinge zu vertrauen. Und zugleich ist es genau dieser Akt, den der Mensch am wenigsten selber in der Hand hat. Er muss ihm eröffnet werden. Nur dadurch wird Vertrauen möglich.

3.1 »Nur was wir glauben, wissen wir gewiss«

Wird der Glaube als Vertrauen verstanden, dann schließt das von vornherein ein bestimmtes Verständnis von Glauben aus, das ihm landläufig oft unterlegt wird. Bevor Luthers Auslegung so eingehend gewürdigt werden kann, wie es ihrer Bedeutung entspricht, muss dieses Verständnis in einer eigenen Reflexion kritisch bedacht werden.

»Glauben heißt nicht wissen«, behauptet der Volksmund. Die Redewendung bestimmt weithin das Reden über den Glauben. In ihr kommt das Erbe der Aufklärung zum Vorschein, wie es in dem berühmten Satz *Immanuel Kants* (1724-1804) seine zugespitzte Formulierung findet: »Ich musste ... das Wissen aufheben, um zum Glauben Platz zu bekommen.«[1] Zum Bereich des Wissens gehören alle Dinge oder Vorgänge, über die wir uns in vernünftiger Weise Klarheit verschaffen können: Man kann sie erfahren, erkennen, überprüfen, widerlegen oder auch begründen. Dem Glauben hingegen, folgt man dem Sprichwort, geht das alles ab. »Das *glaubst* du ja bloß«, wird manchmal gesagt, und es schwingt dabei zugleich mit: »Du *weißt* es also nicht.« Der Glaube scheint mithin genau da anzufangen, wo das Wissen aufhört oder zumindest vage zu werden beginnt; er wäre dann bestenfalls so etwas wie eine Vermutung. Deshalb verbindet sich mit der Redensart und der hinter ihr stehenden Überzeugung in der Regel auch eine Wertung: Ungeprüft und ohne Erfahrung etwas »nur« zu glauben erscheint als eine höchst unsichere, zweifelhafte Sache. »Vertrauen ist gut, Kontrolle ist besser.«

Darin hat der Volksmund zweifellos Recht. Glaube ohne Erfahrung ist tatsächlich haltlos; er kann keine Orientierung bieten. Die Frage ist aber, ob die Redensart mit dem, was sie über das Verhältnis von Glauben und Wissen sagt, Recht hat. Genau das ist seinerseits zu bezweifeln. Denn damit wird ein Gegensatz behauptet, der bei genauerer Betrachtung nicht haltbar ist.[2] Denn sowohl in seinem Glauben als auch in dem, was der Mensch weiß oder zu wissen meint, kann er sich irren. Irren ist menschlich. Nimmt man das ernst, dann bedeutet das, dass kein Wissen und auch keine Erkenntnis letztlich beweisbar sind. Das gilt für alle persönlichen, durch Erfahrung gewonnenen Überzeugungen, trifft aber auch auf jede wissenschaftliche Aussage oder Theorie zu. Sie besteht nur so lange, bis sie durch eine andere vertieft, ergänzt oder widerlegt (»falsifiziert«) wird. Es ist geradezu ein Kennzeichen seriöser Wissenschaft, dass sie für ihre Ergebnisse keine prinzipielle Irrtumslosigkeit behauptet. Man kann für sie Wahrnehmungen, Wahrscheinlichkeiten, Gesetzmäßigkeiten oder andere Gründe ins Feld führen; und je überzeugender diese sind, desto verlässlicher trifft eine Aussage zu. Es gibt ganz sicher unterschiedliche Grade an Plausibilität, die sich auch vernünftig darstellen, überprüfen und bewerten lassen. Doch es gibt keine Möglichkeit, ein einmal gewonnenes Wissen endgültig und für alle Zeiten unumstößlich zu behaupten. Das gilt selbstverständlich auch für jede Form des theologischen Wissens.

Trifft diese Einsicht zu, dann bedeutet das, dass in jeder Erkenntnis auch ein Moment des Glaubens enthalten ist, also »ein Akt des Sich-Verlassens auf etwas, worüber wir nicht durch Beweise, also mit Sicherheit verfügen«[3]. Insofern kann man den Glauben geradezu als Voraussetzung für jedes Wissen bezeichnen. »Nur was wir glauben, wissen wir gewiss.«[4] Der schöne Aphorismus des Zeichners, Malers und Schriftstellers *Wilhelm Busch* (1832-1908) drückt das aus. Und er macht zugleich darauf aufmerksam, dass erst im Glauben ein Wissen zur Gewissheit wird und dadurch konkrete Bedeutung für das Leben erhält. Dass beide – Glaube und Wissen – letztlich nicht beweisbar sind, gehört zu den nicht hintergehbaren Begrenzungen menschlichen Erkenntnisvermögens. In den wesentlichen Vollzügen seiner Existenz ist der Mensch darauf angewiesen, zu vertrauen.

Bis in die alltäglichen Verrichtungen und Vorgänge hinein erleben wir das. Jeder, der sein Auto aus der Werkstatt abholt, macht zum Beispiel diese Erfahrung. Ob die Reparatur fachgerecht durchgeführt wurde und das Fahrzeug damit sicher ist, lässt sich vom Laien, wenn überhaupt, nur bedingt überprüfen. Wir vertrauen darauf. Täten wir es (aus welchen Gründen auch immer) nicht, würden wir kaum einsteigen. Dabei gibt es natürlich sinnvolle Mechanismen, die den Grad an erwarteter Zuverlässigkeit erhöhen und steigern können (im Beispiel etwa die Zertifizierung der Werkstatt). Doch sie ändern nichts daran, dass ich mich auf die Dinge und Vollzüge des Lebens – ohne letzte Gewähr – nur einlassen kann, wenn ich sie erfahren will.

Das gilt ebenso für die religiöse Erfahrung des Glaubens. In ihr sind immer eine bestimmte Überzeugung und Gewissheit eingeschlossen. Glauben meint hier, eine *vertrauende Beziehung* zu seinem Gegenüber zu haben. Auf dieser Linie liegt die biblische »Definition« des Glaubens: »Es ist aber der Glaube eine feste Zuversicht auf das, was man hofft, und ein Nichtzweifeln an dem, was man nicht sieht« (Hebr 11,1). Geht man von diesem Satz aus, dann zeigt sich ein ganz eigenes Bild dessen, was glauben heißt. Nicht eine unsichere, zweifelhafte Haltung ist gemeint, in der der Mensch nichts Genaues wissen kann. Das Gegenteil trifft zu: Der Glaube ist feste Zuversicht, gelassene Hoffnung, Gewissheit über das, was man nicht beweisen (»nicht sehen«) kann. Im Glauben vertraut sich der Mensch seinem Gegenüber an. Und er tut das in einer Weise, die sein ganzes Leben einschließt und dadurch von einem Anderen getragen sein lässt. *Der Glaube ist dasjenige Vertrauen des Menschen, das seine gesamte Lebensführung bestimmt.*

Ohne Vertrauen kann kein Mensch leben. Die Alternative ist nicht, ob er Vertrauen braucht oder nicht. Es stellt sich allein die Frage, *wie* und *wozu* jemand Vertrauen fassen kann. Ein menschliches Leben, das niemanden und nichts kennt, worauf es sich verlassen kann, wäre ein tief geschädigtes Leben. Die Entwicklung und Reifung einer Person vollzieht sich und gelingt in dem Maße, wie es ihr ermöglicht wird, Vertrauen aufzubauen. Das beginnt früh in der Biographie. »Kindern kann man ja zunächst einmal gar nicht genug Vertrauen einflößen. Denn Kinder müssen Vertrauen zum Leben gewinnen. Sie sind darauf angewiesen, dass sie sich auf ihre Umgebung verlassen können. Sie sind ganz und gar auf Vertrauen angewiesen ... Das Vertrauen, das einem Kind eingeflößt wird, bestimmt das zukünftige Leben, bestimmt gerade das Leben des erwachsenen Menschen.«[5] Jeder Mensch ist auf ein Vertrauen angewiesen, in dem er sich auf andere und sich selbst verlassen kann – jedenfalls in den entscheidenden Momenten.

Das kennzeichnet auch den Glauben: Er besteht im Vertrauen. Der Glaube ist freilich nicht identisch mit dem, was im zwischenmenschlichen Bereich Vertrauen heißt. Er ist »mehr« als das. Und das hat mit dem Gegenüber zu tun, auf das sich der Mensch bezieht und verlässt, wenn er glaubt. Dieses Gegenüber ist *Gott*. Vertrauen im religiösen Sinne richtet sich immer auf Gott. Auch das gilt zunächst grundsätzlich, also unabhängig davon, was bzw. wen sich der oder die Glaubende konkret unter »Gott« vorstellt. Glaube und Gott gehören zusammen.

3.2 »Glaube und Gott gehören zusammen«

Luthers Auslegung zum Ersten Gebot im Großen Katechismus gehört zweifellos zu den »Klassikern« der evangelischen Theologie. Um nachvollziehen zu können, was hier zur Sprache kommt, genügt freilich nicht die Kenntnis einzelner bekannter Aussagen. Entscheidend ist der gedankliche Zusammenhang, der ausgesprochen vielschichtig ist. Für das Folgende empfiehlt es sich deshalb, die (im Anhang) in weiten Teilen abgedruckte Auslegung Luthers vorab im Ganzen zu lesen. Sofern nicht anders vermerkt, wird daraus im Weiteren zitiert.

Luther eröffnet seine Erklärung mit diesen Überlegungen:

»Das erste Gebot: Du sollst nicht andere Götter haben.

Das bedeutet: Du sollst mich alleine für deinen Gott halten. Was ist damit gesagt und wie ist es zu verstehen? Was heißt einen Gott haben oder was ist Gott? Antwort: Gott nennt man denjenigen oder dasjenige, von dem man alles Gute erwartet und bei dem man Schutz sucht in allen Notfällen. Einen Gott zu haben ist also nichts anderes, als ihm von Herzen zu vertrauen und zu glauben. Oft schon habe ich es gesagt: Allein das Vertrauen und Glauben des Herzens macht beide, Gott und Abgott. Sind Glaube und Vertrauen richtig, so ist auch dein Gott richtig, und umgekehrt: Wo das Vertrauen falsch und unrecht ist, da ist auch der wahre Gott nicht. Denn die beiden gehören zusammen, Glaube und Gott. Woran du nun (sage ich) dein Herz hängst und verlässt dich darauf, das ist eigentlich dein Gott. Darum ist nun der Sinn dieses Gebots, dass es wahren Glauben und wahre Zuversicht des Herzens verlangt, die auf den einzig wahren Gott gerichtet sind und sich an ihm allein festmachen.«

3.2.1 Verschiedene Perspektiven

Die Interpretation dieses dichten, in klaren Worten formulierten Textes ist deshalb anspruchsvoll, weil Luther in ihm und auch in den weiteren Ausführungen durchgängig zwei verschiedene Perspektiven miteinander verbindet, ohne selber zu erklären, in welchem Verhältnis diese zueinander stehen.[6]

Zum einen findet sich eine ganze Reihe von Aussagen, in denen vom *Sollen* ausgegangen wird. Sie greifen also den naheliegenden Umstand auf, dass hier von einem *Gebot* die Rede ist. Bereits der erste Satz von Luthers Erklärung liegt auf dieser Linie: »Du sollst mich alleine für deinen Gott halten.« Bemerkenswert an diesem eröffnenden Satz ist die Umkehrung der verneinenden Formulierung des Gebots – »Du sollst nicht andere Götter haben« – in eine positive, bejahende Erläuterung. Diese Wendung ist charakteristisch für den Reformator und insgesamt für sein Verständnis der Gebote. Er fasst sie niemals nur nach ihrer negativen, etwas ausschließenden Seite hin auf; ihn interessiert vor allem die positive, etwas eröffnende Dimension des Gebotenen. Den Glauben versteht er genau als diesen positiven Akt, mit dem das Erste Gebot erfüllt wird. Der Mensch erfüllt es, indem er Gott vertraut, ihn also allein für Gott hält. Das freilich setzt voraus, dass jemand in irgendeiner Weise bereits Kenntnis von Gott und seinem Willen hat. Nur vor diesem Hintergrund macht die Forderung des Gebots einen Sinn. Sie geht *dem Glauben voraus*, verlangt und erheischt ihn.

Zum anderen aber entwickelt Luther im selben Text einen Gedankengang, in dem umgekehrt der *Glaube als Voraussetzung* und Bedingung dafür benannt wird, dass der Mensch überhaupt einen Gott hat. Wer oder was Gott ist, ergibt sich hier zuallererst aus dem Akt des Glaubens selber. Im Zusammenhang dieser Argumentation wird also Gott für den Glauben nicht vorausgesetzt, sondern er ist in ihm enthalten. Nur im Glauben erschließt sich uns etwas von Gottes Wirklichkeit, von der wir vorher und losgelöst vom Vertrauen gar keine Kenntnis haben können. In diesem Ansatz schlägt sich der existenzielle Bezug der Rede von Gott nieder. In Luthers Worten: »Einen Gott zu haben ist also nichts anderes, als ihm von Herzen zu vertrauen und zu glauben.« Und eben dieser Gedanke wird in die berühmte Wendung gefasst: »Woran du nun dein Herz hängst und verlässt dich darauf, das ist eigentlich dein Gott.«

Die zwei Argumentationslinien lassen sich folgendermaßen zusammenfassen:

- Gott ist das- oder derjenige, dem ich vertrauen *soll*.
- Woran ich mein Herz hänge, das *ist* mein Gott.

Wie sich beide Gedankengänge zueinander verhalten, welcher von ihnen der grundlegende und welcher der abgeleitete ist, bleibt zunächst in der Schwebe. Das macht die Lektüre von Luthers Text ebenso schillernd wie herausfordernd. Er selber jedenfalls betont, dass beides vollständig dem Sinn des Ersten Gebots entspricht. Denn während er zu Beginn seiner Auslegung offenkundig vom ersten Ansatz ausgeht, unterstreicht er im Weiteren ausdrücklich: »Darum sage ich ..., dass die zutreffende Auslegung dieses Stückes sei, dass einen Gott haben heißt, etwas haben, worauf das Herz ganz und gar vertraut.«

Dasselbe uneinheitliche Bild ergibt sich, wenn man eine wichtige Zusatzbestimmung in den Blick nimmt, die Luther trifft. Er schreibt ja nicht nur allgemein vom Glauben, sondern vom rechten, *»richtigen«* Glauben, dessen Gegensatz das *»falsche* und unrechte« Vertrauen ist. Dieser Gegensatz bezieht sich auf eine Differenzierung, die für das Gesamtverständnis von Luthers Theologie von hohem sachlichen Gewicht ist: die Unterscheidung von *Gott und Abgott*. Diese Unterscheidung ist zugleich von großer anthropologischer Bedeutung. Denn sie besagt, dass sich das Herz des Menschen niemals in einer neutralen Zone bewegt. In seiner religiösen Ausrichtung steht es vielmehr immer in der *Alternative*, entweder Gott oder einem Götzen zu vertrauen. Doch was entscheidet diese Alternative: Die Art des Glaubens oder die Ausrichtung auf den wahren Gott? Interessant, aber zugleich verwirrend an Luthers Deutung ist, dass sie sich auf beiden Linien bewegt. Einerseits stellt er ganz ausdrücklich fest: »Sind Glaube und Vertrauen richtig, *so* ist auch dein Gott richtig, und umgekehrt: Wo das Vertrauen falsch und unrecht ist, *da* ist auch der wahre Gott nicht.« Und andererseits betont er: »Darum ist nun der Sinn dieses Gebots, dass es wahren Glauben und wahre Zuversicht des Herzens verlangt, *die* auf den einzig wahren Gott gerichtet sind und sich *an ihm allein* festmachen.« Im ersten Fall wird also die Qualität und Art des Glaubens zum Maßstab dafür gemacht, ob der Mensch Gott oder einem Abgott vertraut. Im zweiten Fall erscheint gerade umgekehrt die Beziehung zum allein wahren Gott als Kennzeichen des rechten Glaubens. Und damit entsteht der Eindruck, dass sich Luthers Argumentation an dieser entscheidenden Stelle lediglich im Kreis dreht. Können beide Aussagen in ein klares Verhältnis zueinander gesetzt werden?

Dass und inwiefern das möglich ist, will ich im Folgenden aufzeigen. Ich gehe dabei so vor, dass ich zunächst die wesentlichen Aspekte der ersten Gedankenfigur freilege. Im nächsten Schritt verdeutliche ich, wie sich darauf die zweite Argumentationslinie bezieht. Beides zeigt, in welcher differenzierten Weise Luther den Zusammenhang von Glaube und Gott denkt.

3.2.2 Was meint »rechter Glaube«?

Kann man heute überhaupt so fragen? Verbietet sich in Zeiten religiöser Subjektivität oder Indifferenz nicht schon im Ansatz die Behauptung, dass es neben dem »wahren« auch einen »falschen«, verkehrten Glauben gibt? Vielen Zeitgenossen dürfte eine solche Behauptung suspekt, wenn nicht sogar gefährlich vorkommen. Verbinden sich mit ihr doch scheinbar genau jene Züge religiöser Abwertung und Intoleranz, welche das Zusammenleben von Menschen unterschiedlicher Weltanschauungen belasten und gefährden. Dem heutigen, westlichen Lebensgefühl jedenfalls ist Glaube weitgehend etwas Subjektives. Er ist »mein« Glaube. Für ihn soll keine allgemeingültige Wahrheit beansprucht werden, in ihn lasse ich mir aber auch nicht hineinreden. Nur in dieser persönlichen Selbstbeschränkung können in einer pluralen Gesellschaft, so scheint es, verschiedene Glaubensüberzeugungen friedlich koexistieren.

In der Tat: Glaube ist immer persönlich-individuell und insofern nicht verallgemeinerbar. Als Herzenssache gehört er zum intimsten Bereich dessen, was uns ausmacht, und als solche ist er auch unbedingt zu achten und zu respektieren. Das bedeutet jedoch nicht, dass es beliebig bzw. gleichgültig ist, wie und was jemand glaubt. Es gibt Fehlformen des Glaubens, die in sich widersprüchlich und in ihrer Auswirkung auf die Lebensführung geradezu verhängnisvoll sind. Das jedenfalls ist Luthers Überzeugung. Wer sich ernsthaft mit ihm auseinandersetzt, kommt an diesem Punkt nicht vorbei. Der Reformator mutet uns zu, darüber nachzudenken, was »rechter Glaube« bedeutet. Seine Überlegungen sind dabei sowohl *exklusiv* als auch *inklusiv*. Das heißt: Sie schließen bestimmte Formen des Glaubens als »falsch« aus, sind aber in der Bestimmung dessen, was »rechter« Glaube heißen kann, durchaus offen für unterschiedliche religiöse Überzeugungen. Das mag paradox wirken. Genau dieses Spannungsverhältnis in seiner Reflexion aber macht Luther in einer pluralen Gesellschaft zu einem inspirierenden Gesprächspartner.

Was also ist mit dem »rechten Vertrauen« gemeint, durch das sich der Mensch auf den »rechten Gott« verlässt?

Um davon eine Vorstellung zu erhalten, ist es wichtig, sich einen Aspekt des Vertrauens vor Augen zu führen, der bislang eher stillschweigend mitgedacht wurde. Klar ist: Vertrauen spielt sich immer in Beziehungen ab. Ich vertraue etwas oder jemandem. Dieses »etwas oder jemand« kann eine andere Person sein. Es können aber zum Beispiel auch die Institutionen unseres Zusammenlebens sein, auf die ich mich verlasse (etwa darauf, dass die Rechtsprechung ohne Ansehen der Person erfolgt). Und nicht zuletzt kann sich das Vertrauen auch auf mich selber richten; es wird damit zum Selbstvertrauen (s. Kap. 8.1), bezieht sich beispielsweise auf meine Kenntnisse oder eingeübten Fähigkeiten. Entscheidend ist in allen diesen Fällen aber, dass das Vertrauen jeweils eine bestimmte *Hinsicht* hat. Sie besteht in der Zuversicht, dass mir vertrauend *Gutes* widerfährt oder eröffnet wird. Es gibt kein Vertrauen, in dem jemand sich Schlechtes oder Böses erhofft. Dies würde den Akt des Vertrauens ad absurdum führen. »Vertrauen besteht darin, dass ein Mensch, der vertraut, sich an ein Gegenüber hingibt und ausliefert in der Hoffnung, dass ihm Gutes zuteilwird. Das muss nicht immer Angenehmes oder Lustvolles sein, wohl aber etwas, was dem Wohl oder Heil des Menschen dient.«[7] So besteht beim Kind, das in die Arme der Mutter springt, das Gute in der Zuversicht, aufgefangen zu werden. *Mit dem Vertrauen verbindet sich die elementare Hoffnung, Gutes zu erfahren.*

Dieser Aspekt ist in Luthers Gedankengang von zentraler Bedeutung. Er entwickelt daraus geradezu eine Definition Gottes. »Gott nennt man denjenigen oder dasjenige, von dem man *alles Gute* erwartet und bei dem man Schutz sucht in allen Notfällen.« Eben das kennzeichnet religiöses Vertrauen, dass es von seinem Gegenüber, also Gott, nicht nur irgendein Gut, sondern »alles Gute« erhofft. Dazu gehören, wie Luther ebenso konkret wie umfassend ausführt,

»Leib, Leben, Essen, Trinken, Lebensunterhalt, Gesundheit, Schutz, Frieden und alles, was wir in diesem Leben und für die Ewigkeit brauchen.« Mit anderen Worten: Im Glauben ist der Mensch auf ein Gegenüber ausgerichtet, das ihm in umfassender Weise Leben und Heil gewährt. Und dabei stellt sich die Frage, wer oder was dieses Gegenüber überhaupt sein kann. An der Frage entscheidet sich die Alternative von rechtem und falschem Glauben und damit von Gott und Abgott. Denn Gott *kann* nur sein, wer das Leben im Ganzen ins Dasein gerufen hat und erhält. Er allein kann alles Gute geben und letzter Schutz sein. Das bedeutet im Umkehrschluss: Alles, was selbst zu den geschaffenen Dingen oder Vorgängen gehört, vermag schon von daher nicht als Gott bezeichnet zu werden. Gut und erfreulich ist es allein, wenn es in seiner Endlichkeit wahrgenommen und genossen wird. Die innere Widersprüchlichkeit des Aberglaubens zeigt sich darin, dass er etwas, was nicht Gott sein *kann*, zu Gott *macht*.

Dabei besteht zwischen falschem und rechtem Glauben insofern kein Unterschied, dass in beiden Fällen der Mensch von seinem Gegenüber »alles Gute« erhofft. Auch der Aberglaube hat religiöse Qualität. Eben das macht ihn problematisch. Denn er ist von einem Gegenstand angezogen, der die übersteigerten Erwartungen, die sich auf ihn richten, grundsätzlich nicht erfüllen kann. Man könnte auch sagen: Aberglaube ist in sich unlogisch. Denn rechter Glaube ist dadurch gekennzeichnet, dass er um die grundlegende Differenz zwischen Gott und Welt, zwischen Schöpfer und Geschöpf weiß und sein Vertrauen dem entgegenbringt, der allein Gott zu sein vermag.

Luthers Reflexion über den »rechten Glauben« ist nicht als verkappter Gottesbeweis zu verstehen. Sie weist allein (das allerdings eindringlich) darauf hin, wer überhaupt als Gott bezeichnet zu werden verdient. Welche Wirklichkeit dieser Gott hat, ob es ihn »gibt«, wie und wodurch er erkannt wird – alles das ist damit noch nicht gesagt. Er kann auch nicht bewiesen, sondern nur erfahren werden. Vertrauend wird diese Erfahrung zugänglich. Und das gilt durchaus für unterschiedliche religiöse Zusammenhänge. Luthers »Definition« Gottes gilt ja nicht nur für den Kontext des Christentums. Sie ist offen auch für andere religiöse Lebensentwürfe, insofern in ihnen die grundsätzliche Differenz von Gott und Welt zum Tragen kommt. Diese Offenheit seiner Bestimmung benennt Luther ausdrücklich. »Demnach heißt in der Tat, auch nach Auffassung aller Heiden, einen Gott haben: ihm zu vertrauen und an ihn zu glauben.« Genau an diesem existenziellen Bezugspunkt könnte ein interreligiöser Dialog ansetzen. Der Unterschied religiöser Überzeugungen zeigt sich an ihrem Inhalt, also an der Frage, welches Verständnis von Gott, dem wir alles Gute verdanken, jeweils besteht. Luther selbst war zu einem offenen Dialog in dieser Frage nicht oder nur sehr eingeschränkt imstande. Das ändert aber nichts an der Bedeutung seiner religiösen Grundeinsicht. Sie hat für den konkreten Umgang des Menschen mit den Gütern seines Lebens eminente Auswirkungen (s. Kap. 3.3.2).

3.2.3 Gebotenes Vertrauen?

Auf die widersprüchliche Situation des Menschen, in die ihn der Aberglaube führt, bezieht sich das Erste Gebot. Es fordert und erheischt vom Menschen ein Vertrauen, in dem er Gott »Gott« sein lässt und nicht sich selbst oder etwas anderes an dessen Stelle setzt. Dass der Mensch dieser Versuchung grundsätzlich ausgesetzt ist und ihr faktisch auch immer wieder erliegt, bringt Luther in einer berühmten Disputationsthese bereits 1517 (zwei Monate vor Veröffentlichung der 95 Thesen) zugespitzt zum Ausdruck:

»Der Mensch kann von Natur aus nicht wollen, dass Gott Gott ist; er möchte vielmehr, dass er Gott und Gott nicht Gott ist.«[8]

Kann der Mensch *von sich aus* Gott über alle Dinge fürchten, lieben und vertrauen? Der Reformator sagt: Nein! Seine Skepsis an der Stelle ist radikal. In seinem religiösen Gefühl ist der Mensch zwar immer auf »einen Gott« bezogen. Aber er steht darin dauernd in der Gefahr, »Gott und Abgott« zu verwechseln. Deshalb ist und bleibt er darauf angewiesen, dass der »wahre Gott« sich ihm zu erkennen gibt. Erst damit kann so etwas wie »rechter Glaube« entstehen.

Auf dieser Linie liegt die zweite Argumentationsfigur, mit der Luther des Verhältnis von Glaube und Gott bestimmt. In ihr wird die Ausrichtung auf den »einzig wahren Gott« zum Grund und Kriterium des wahren Vertrauens. Erst damit löst sich jene Ambivalenz auf, in der sich der Mensch in seiner religiösen Ausrichtung befindet. Im Gebot »Du sollst mich alleine für deinen Gott halten« wird seinem Vertrauen eine maßgebliche Orientierung und Richtung gegeben. In dieser Weise sind die zwei Gedankenlinien, die Luthers Auslegung durchziehen, aufeinander bezogen. Im Sollen des Gebots erlangt das religiöse Vertrauen seine inhaltliche Bestimmtheit.

Doch damit entstehen neue Fragen. Eine ist bereits aufgetaucht. Vertrauen kann man nicht gebieten, weder sich selbst noch einem anderen. Der Imperativ des »Du sollst« geht für sich allein ins Leere oder bewirkt sogar gegenteilige Reaktionen. Solche abwehrenden Gefühle hat *Hermann Hesse* eindrucksvoll im Blick auf seine Persönlichkeitsentwicklung beschrieben: »Gebote [...] haben leider stets eine fatale Wirkung auf mich gehabt, mochten sie noch so richtig und noch so gut gemeint sein – ich, der ich von Natur ein Lamm und lenksam bin wie eine Seifenblase, habe mich gegen Gebote jeder Art, zumal während meiner

Jugendzeit, stets widerspenstig verhalten. Ich brauchte nur das ›Du sollst‹ zu hören, so wendete sich alles in mir um, und ich wurde verstockt.«[9]

Soll das Gebot nicht diese Wirkung haben, dann muss sein Inhalt in irgendeiner Weise stimmig sein mit dem Lebensgefühl der Person. Sie vermag es dann als adäquaten Zug ihrer eigenen Lebensführung zu identifizieren. Solange das nicht der Fall ist, bleibt die Forderung des Gebots abstrakt; sie ist Ausdruck eines fremden Willens, dem ich mich nur unterwerfen kann, sofern ich mich nicht gegen ihn auflehne. Mit anderen Worten: Vertrauen kann nur durch solche Erfahrungen geweckt und ermöglicht werden, welche uns in der Tiefe unseres Selbstgefühls anrühren und ansprechen. Allein im Rahmen gelebter Gottesbeziehung kann der Inhalt des Gebots zwanglos in die menschliche Lebensführung integriert werden. Das wiederum setzt voraus, dass sich Gott in seinem Wesen zu erkennen gibt. Denn Vertrauen kann ich nur jemandem entgegenbringen, den ich erkannt habe und deshalb gut kenne.

Diesen zentralen Gesichtspunkt führt Luther an der Stelle nicht weiter aus. Das bedeutet jedoch nicht, dass er ihn übersehen hat. Es hat vielmehr mit der Darstellungsabfolge in seinen Katechismen zu tun. Im Rahmen der Auslegung zu den Geboten wird Gott zwar als Bezugspunkt des religiösen Vertrauens und zugleich als Urheber der Forderung nach »rechtem Vertrauen« benannt; er wird hier aber nicht in seinem Wesen und Wirken beschrieben. Das geschieht erst im Nachdenken über die Aussagen des christlichen Glaubensbekenntnisses und ihre Bedeutung. In dieser Weise sind Dekalog und Credo wechselseitig interpretierend aufeinander bezogen. Der Zusammenhang wird dann von Luther zu Beginn seiner Erklärung der Glaubensartikel auch ausdrücklich hergestellt:

»Denn weil die Zehn Gebote eingeschärft haben, man solle nicht mehr als einen einzigen Gott haben, könnte man jetzt fragen: ›Was ist denn Gott für ein Mann, was tut er, wie kann man ihn rühmen oder abmalen und beschreiben, damit man ihn erkennt?‹ Das lehren nun dieser und die folgenden Artikel. Dementsprechend ist das Glaubensbekenntnis nichts anderes als eine Antwort und ein Bekenntnis des Christen im Hinblick auf das erste Gebot.«[10]

Dass die Bezeichnung Gottes als »Mann«, auch wenn sie metaphorisch gemeint ist, heute aus guten Gründen nicht mehr nachvollzogen werden kann, ändert nichts an der sachlichen Bedeutung des hier beschriebenen Zusammenhangs. Gott muss mir, mein Lebensgefühl ergreifend, in seinem Wesen und Werk erkennbar werden, damit ich mein »Herz an ihn hängen« *kann*. Genau das bringt das Credo in seinen verschiedenen Aspekten zur Sprache. Und erst vor diesem Horizont wird für Luther jenes grundlegende Vertrauen möglich, auf welches das Erste Gebot abzielt. Dass das Credo »eine Antwort und ein Bekenntnis *des Christen* im Hinblick auf das erste Gebot« ist, lässt dabei zumindest offen, ob es auch andere Gotteserfahrungen gibt, die vergleichbare Bedeutung haben. Dieser Gesichtspunkt spielt eine wichtige Rolle bei der Beurteilung von Luthers Haltung gegenüber anderen religiösen Überzeugungen, insbesondere gegenüber den Juden (s. Kap. 4.4).

3.3 »Die von lauter Güte überfließt« – Gott als Quelle alles Guten

Eine wesentliche Aussage über Gott enthält Luthers Auslegung des Ersten Gebots freilich doch. Sie ergibt sich aus der Analyse des religiösen Vertrauens, das von Gott »alles Gute« erhofft. Dem folgend kommt er zu der wunderbaren Formulierung, dass »Gott eine unerschöpfliche Quelle ist, die von lauter Güte überfließt und aus der alles fließt, was gut ist und gut heißt«. Luther vermutet sogar einen etymologischen Zusammenhang zwischen den deutschen Wörtern »Gott« und »gut«, der allerdings nicht besteht. Entscheidend jedoch ist die Einsicht in der Sache: *Gott ist gut*. Und als Ursprung des Lebens ist er die Quelle alles Guten. Überfließende Güte – in sie taucht der Mensch ein, der Gott begegnet. Sie gibt Gott zugleich einen Namen, mit dem er angeredet werden kann: »Guter Gott.«

3.3.1 »Das einzig ewige Gut« – die Attraktion Gottes

Quelle alles Guten – in dieses Bild fasst Luther seinen Gottesbegriff. Was Bultmann als »die Alles bestimmende Wirklichkeit« und Schleiermacher als »Woher unseres empfänglichen und selbsttätigen Daseins« beschreiben (s. Kap. 2.5.2), wird vom Reformator auf die Erfahrung des Guten bezogen und erhält darin seine inhaltliche Zuspitzung. Der Gott des Ersten Gebots ist für Luther keine neutrale Größe. Von Gott zu reden hat für ihn nur Sinn, insofern er als gut verstanden wird. Und seine Güte qualifiziert auch das »Woher« unseres aktiven und passiven Daseins, gibt ihm zugleich sein Ziel. Damit gewinnt das Wort »Gott« von Anfang an eine ganz bestimmte Bedeutung und Färbung, einen konkreten Aussagesinn. Es bezeichnet nicht nur allgemein den Grund alles Lebendigen, sondern zugleich dessen Qualität. Die »überfließende« göttliche Güte beeinflusst und weckt, wo sie erfahren wird, das spezifische Lebensgefühl des Glaubens. In ihm richtet sich das Herz auf das »einzig ewige Gut« aus.

Mit dem Ausdruck »ewiges Gut« greift Luther eine Bezeichnung für Gott auf, die in der theologischen und philosophischen Tradition seiner Zeit etabliert ist. Sie kommt auch als »höchstes« oder »wahres Gut« vor und bezeichnet den grundsätzlichen Unterschied (philosophisch formuliert: die kategoriale Differenz) zwischen allen irdischen, zeitlichen Gütern und dem allein ewigen Gut, das Gott darstellt und in dem alles Leben gründet. Dieser Vorstellung verleiht Luther freilich eine besondere Pointe. In seiner Darstellung ist das »einzig ewige Gut« nämlich keine bloße (und darin abstrakt-spekulative) Aussage über das Sein Gottes im Unterschied zum weltlichen Dasein, sondern wesentlich ein *Beziehungsbegriff*. Er bezeichnet die *Attraktion*, die Anziehung, die von Gott auf den Menschen ausgehen will:

»Darum will er uns von allem anderen abwenden, das außerhalb von ihm liegt, und zu sich ziehen, weil er das einzig ewige Gut ist.«

Etwas Gutes zieht uns an. Das gilt für den gesamten Bereich der menschlichen Güter, es kennzeichnet auch und erst recht die Erfahrung der Güte Gottes. Sie ist prägnanter Ausdruck seines ewigen Gemeinschaftswillens. Das »einzig ewige Gut« ist also keine Aussage über Gott an sich, sondern über die Gemeinschaft zwischen Schöpfer und Geschöpf, die Gott sucht. Sie ist für den Menschen wahrhaft gut. Und daraus erwächst die maßgebliche religiöse Perspektive für den Gebrauch und Genuss aller anderen Güter. Diese werden durch die Güte Gottes nicht in den Schatten gestellt, wohl aber ins rechte Licht gerückt.

Der Begriff »höchstes« bzw. »ewiges Gut« bezeichnet mithin *keine Rangordnung* zwischen irdischen, innerweltlichen Gütern und der ewigen Gemeinschaft des Menschen mit Gott. Das Problematische dieser Zuordnung besteht darin, dass sie immer zu einer Abwertung menschlicher Güter tendiert oder dieses Missverständnis zumindest nicht ausschließt. Folgt man Luthers Diktion, zeigt sich jedenfalls eine andere Verhältnisbestimmung: Gott ist in seiner Güte *die Quelle*, »aus der alles fließt, was gut ist und gut heißt«. Das verleiht den Gütern des Lebens ihre spezifische Bedeutung und den ihnen eigenen Wert.

3.3.2 »Geld und Gut« – Mittel zum Leben

Diese Einsicht profiliert Luther nun mit einer Reihe von kritischen Reflexionen, die das Verhältnis des Menschen zu *Geld und Gut* betreffen. In diese prägnante Formel fasst er summarisch alle materiellen Güter wie Nahrung, Kleidung, Geld, Besitz, Gebrauchs- und Luxusgegenstände; aber ebenso die immateriellen Güter wie Gesundheit, Arbeit, Klugheit, Freundschaft, Glück, Einfluss, Erfolg und vieles mehr. Ihnen gegenüber steht der Mensch immer in Versuchung, sie entweder zu unter- oder zu überschätzen. Im ersten Fall werden sie abgewertet oder für unbedeutend erklärt, im zweiten Fall werden sie überbewertet und zum eigentlichen Bezugspunkt der eigenen Existenz stilisiert, also: zum Abgott gemacht. Mit beidem verfehlt der Mensch den wahrhaft erfreulichen Stellenwert, welcher den Gütern des Lebens zukommt. Dieser besteht darin, dass sie als *Ausdruck* der göttlichen Güte wahrgenommen und gebraucht werden – nicht mehr, aber auch nicht weniger.

Damit ist eine doppelte Aussage in negativer und positiver Hinsicht verbunden:

- Negativ, abgrenzend wird ausgeschlossen, dass innerweltliche Güter in ihrer Gesamtheit einen letztinstanzlichen Status erhalten. Beanspruchen sie diesen oder wird er ihnen zugesprochen, verfallen sie einem *falschen Schein*. Als Ausdruck der Güte Gottes tragen sie immer die Insignien des Geschöpflichen, Endlichen und sind nicht Gott selbst.
- Positiv aber werden alle zeitlichen Güter so verstanden, dass sie in Gottes Wirken gegründet sind. Als

geschaffene Wirklichkeiten sind sie *gleichnisfähig* für Gottes Wirklichkeit und seine Güte. Anders formuliert: Das »einzig ewige Gut« begegnet uns in den irdischen Gütern, ohne mit ihnen in eins zu fallen. Es begründet sie, begrenzt sie aber zugleich in ihrem Anspruch.

Als prominentes Beispiel für übersteigerte Erwartungen an irdische Güter dient Luther der »Mammon«. Der Ausdruck bezeichnet – im Anschluss an die Verkündigung Jesu (Mt 6,24) – jene Verabsolutierung des Geldes, die ihm und seinem Besitz eine letztlich daseinsbestimmende Qualität zuerkennt. Problematisch sind dabei weder das Geld noch sein Gebrauch. Beides ermöglicht dem Menschen in elementarer Weise eine eigenständige Lebensgestaltung. Kritisch ist aber jene emotionale Bindung an Geld und Besitz, die sie zum bestimmenden Faktor des menschlichen Lebensgefühls werden lassen. Luther formuliert prägnant:

»Das ist der verbreitetste Abgott auf Erden. Wer Geld und Gut hat, der weiß sich unangreifbar, ist fröhlich und unerschrocken, als sitze er mitten im Paradies. Wer hingegen keines hat, der zweifelt und verzagt, als wisse er von keinem Gott. Denn man wird wenige Leute finden, die guten Muts sind und nicht trauern oder klagen, wenn sie den Mammon nicht haben. Das ist eine Eigenart der menschlichen Natur, die ihr anhaftet bis ins Grab.«

Das Geld ist ein wesentliches Lebensmittel, in der präzisen Bedeutung des Wortes: *Mittel zum Leben*. In dieser Hinsicht ist sein Besitz nicht nur nötig, sondern sein Gebrauch auch lebensdienlich. Jede andere Einschätzung wäre nicht nur fern von jeder Lebenswirklichkeit, sondern, angesichts bedrückender Armutserfahrungen, ausgesprochen zynisch. Sobald sich jedoch das Herz an das Geld »hängt«, verliert es seinen erfreulichen Charakter und wird zum »Mammon«. Es wird tendenziell zur »Alles bestimmenden Wirklichkeit«, in der sich aber kein stabiles, tragendes Lebensgefühl aufbauen kann – und zwar deshalb nicht, weil das Geld und sein Besitz selber eine nur endliche Bedeutung haben. Und das gilt nun nicht allein für den monetären Bereich, sondern grundsätzlich für alles, was dem Menschen als ein irdisches »Gut« erscheint. »Entsprechend verhält es sich mit dem, der darauf vertraut und pocht, dass er große Gelehrsamkeit, Klugheit, Macht, Einfluss, Beziehungen und öffentliches Ansehen habe; der hat auch einen Gott, aber auch nicht den wahren, einzig wirklichen Gott. Das erkennst du wieder daran, wie vermessen, überheblich und stolz man ist auf solche Güter und wie verzagt, wenn sie nicht vorhanden sind oder entzogen werden.«

Genauso unangemessen wie die Verabsolutierung menschlicher Güter ist aber, wie bereits betont, ihre Geringschätzung. Das unterstreicht Luther am Ende seiner Auslegung mit einer wunderbar anschaulichen Wendung:

»Die Geschöpfe sind die Hände, Kanäle und Mittel, *mit deren Hilfe Gott uns alles gibt.«*

In den Gütern des Lebens begegnet dem Menschen die Güte des Schöpfers; allein durch diese erfährt er etwas von ihr. Deshalb kann es keine unmittelbare Gotteserfahrung an der geschöpflichen Wirklichkeit vorbei geben, sondern nur durch sie hindurch. »Darum soll man auch solche Mittel, bei denen man durch andere Geschöpfe Gutes von Gott empfängt, nicht ausschlagen oder aus Vermessenheit andere Wege und Weisen suchen, dies Gute zu erlangen, als Gott befohlen hat.« Als Beispiele nennt Luther Erfahrungen aus dem familiären Umfeld sowie dem agrarischen Bereich. Die Grundeinsicht betrifft aber alle Güter des Lebens, sie behält ihre Bedeutung auch im Rahmen einer ausdifferenzierten Gesellschaftsordnung. Alle darin hergestellten Güter hängen nämlich grundsätzlich von Bedingungen ab, die der Mensch nicht selber geschaffen hat, die er vielmehr nur dankbar annehmen und gestalten kann. Insofern partizipieren auch alle aktiven Gestaltungsprozesse des Menschen an den »Gaben« Gottes, bleiben sie Ausdruck seiner »überfließenden« Güte. Damit haben die daraus hervorgehenden Güter immer einen *relativen* Stellenwert. Wobei »relativ« hier nicht wertend (im Sinne von zweitrangig oder nachgeordnet), sondern relational (die Beziehung betreffend) gemeint ist. Im Umgang mit »Geld und Gut« zeigt sich, in welcher Beziehung der Mensch zu Gott steht und welche Bedeutung das »einzig ewige Gut« für seine Lebensführung konkret hat.[11]

3.3.3 »Gott den Himmel abzwingen« – menschliche Selbstüberschätzung

Neben der Über- oder Unterschätzung von »Geld und Gut« führt Luther in seiner Auslegung noch eine weitere Fehlform des Vertrauens an, die sich nicht auf äußere Güter, sondern auf den Menschen selber bezieht. In ihr wird das, was er leisten oder nicht leisten kann, also das Sich-Verlassen auf die eigenen Werke zum Maßstab der Gottesbeziehung. Für Luther ist das die »höchste Abgötterei«, und zwar deshalb, weil der Mensch in ihr versucht ist, sich Gott dienstbar zu machen, womit er sich letztlich selbst an Gottes Stelle setzt. Diese Selbstverkennung der eigenen Möglichkeiten

»betrifft allein das Gewissen, das Hilfe, Trost und Seligkeit sucht in eigenen Werken. Es maßt sich an, Gott den Himmel abzuzwingen, und rechnet, wie viel es gestiftet, gefastet, Messe gehalten hat etc. Es verlässt sich auf die eigene Leis-

tung und pocht darauf, als wolle es nichts von Gott geschenkt nehmen, sondern alles aus eigener Kraft erwerben und auch noch für andere verdienen, gerade als müsste Gott uns zu Diensten sein und sei unser Schuldner, wir aber seine Vorgesetzten und Gläubiger. Was bedeutet das anderes, als aus Gott einen Götzen, ja eine bloße Vogelscheuche zu machen und sich selbst für Gott zu halten und zum Gott aufzuwerfen?«

Diese Fundamentalkritik einer religiösen Haltung, die sich nichts schenken lassen, sondern alles selber verdienen will, entspringt Luthers reformatorischer Grunderkenntnis (s. Kap 5.3). Mit ihr ist er bei seiner Herzenssache, die er nachdrücklich und leidenschaftlich vertritt. Denn hier geht es für ihn tatsächlich um das Ganze, also um die Frage, wer der Mensch vor Gott und was Gott für den Menschen ist. Der Mensch kann Gott weder etwas »bieten« noch beweisen. Dass er beides gar nicht muss, bedeutet eine fundamentale Entlastung, die sich bis in die Tiefen des Selbstgefühls hinein ausbreiten kann und soll. Jedes »Pochen« auf eigene Leistungen würde diese befreiende Erfahrung wieder im Keim ersticken. Vor allem wäre es Ausdruck eines menschlichen Misstrauens gegenüber Gott, das sich, Gottes Güte ungewiss, in den eigenen Handlungen festmacht, um darin einen – scheinbar sicheren – Anspruch auf Gottes Gunst zu gewinnen. Genau damit aber verfehlt der Mensch Gott. Denn Gottes Güte ist wie seine Liebe bedingungslos. Sie braucht und verträgt keine Ansprüche. Wer sie von Bedingungen oder Vorleistungen abhängig macht, verkennt sie. Er degradiert damit Gott insgesamt zur beglaubigenden Instanz der eigenen Handlungen. Auch und gerade damit wird er zum Abgott.

Dass es solche Abgötter zur Genüge gibt, streicht Luther an zahlreichen Beispielen heraus. Hat etwa der Erfolg in einem menschlichen Leben jenen unbedingten

Status, dann erzwingt er fast dieses Pochen auf die eigene Leistung. Von daher wird noch einmal deutlich, wie entscheidend die Alternative ist, an welchen Gott sich »dein Herz hängt«. Es wirkt sich unmittelbar auf das Lebensgefühl und die daraus folgende Lebensführung aus. Mit der Gewissheit, dass sich Gottes Güte »überfließend« schenkt, erschließt sich dem Menschen die grundsätzlich empfangende Dimension seines Daseins. Sie ist die Basis, in der jede »Selbsttätigkeit« gründet. In ihr kann ungezwungene Freude an der eigenen Leistung und auch am Erfolg entstehen, weil er nicht mehr über »alles Gute« entscheidet. Daraus erwächst ein Vertrauen in die eigenen Fähigkeiten, ein Selbstvertrauen, das sich in einem Anderen getragen weiß. Und nicht zuletzt entsteht so das Bild eines Handelns, in dem der Mensch mit Lust und Liebe ans Werk gehen kann.

4 »AUS LUST UND LIEBE« – DIE FREUDE AM GUTEN

Denn durch diese Erkenntnis bekommen wir Lust und Liebe zu allen Geboten Gottes, weil wir hier sehen, wie Gott ganz und gar mit allem, was er hat und vermag, uns zu Hilfe kommt und uns dabei unterstützt, die Zehn Gebote zu halten: der Vater mit all seinen Geschöpfen, Christus mit seinem Werk, der Heilige Geist mit allen seinen Gaben.

Lust und Liebe – auf diese Wendung kommt Martin Luther immer wieder zurück, um das Lebensgefühl des Glaubens zu charakterisieren. Vielleicht mit keiner anderen wird es von ihm schöner und eindringlicher beschrieben. Die Formel steht mit den oben zitierten Worten nicht nur im Zentrum des Großen Katechismus, sie findet auch in anderen Kontexten Verwendung, um die Freiheit eines Christenmenschen zu beschreiben (s. Kap. 7.3). Damit kommt zum Ausdruck, wie sich dem Glauben das menschliche Leben und Handeln zeigt: nicht als eine hohle, freudlose oder lediglich äußeren Zwängen angepasste Übung, sondern als eine Bewegung, in der die Person als Ganze beteiligt und von Herzen engagiert ist.

4.1 Das Gefühl der Ganzheit

Dass die im Gefühl verankerte, lustvolle Motivation eine wesentliche Bedingung für das Gelingen des Handelns ist, zeigt sich bereits in alltäglichen Erfahrungen. Ohne innere Beteiligung bleibt jedes Tun schal und leer. Luther hat diesen Zusammenhang in den wunderbar inspirierenden Sinnspruch gefasst:

»Trinken ohne Durst
studieren ohne Lust,
beten ohne Innigkeit
sind verlorene Arbeit!«[1]

»Verloren« bzw. vergeblich oder umsonst ist eine Tätigkeit immer dann, wenn sie in keiner Verbindung zu dem steht, was den Menschen in seiner Persönlichkeit ausmacht. Es ist »entfremdete« Arbeit, in der jemand nicht selbst bei der Sache sein kann. Lust und Liebe hingegen qualifizieren unser Handeln als einen Vorgang, in dem die Person als Ganze präsent und am Werk ist. Denn »Lust ist das Gefühl der Integrität, des Leben-könnens und -dürfens aus der Fülle, unter Einsatz und Zulassung von allem, was zu uns gehört, Leib und Seele, Herz und Verstand, Vergangenheit und Zukunft. In den lustvollen Momenten unseres Daseins macht uns unsere Schwäche nicht ängstlich und unsere Stärke nicht eitel. In der Lust sammelt sich unser Leben, in ihr sind wir ganz beieinander. Mit Lust erfüllen uns solche Erfahrungen, die uns die Ganzheit und Einheit, die Integrität unseres Lebens zu spüren geben.«[2]

Um dieses umfassende Lebensgefühl, das mit Lust verbunden ist, geht es Luther. Dabei ist offenkundig, dass nicht alle Vorgänge und Vollzüge des Daseins davon bestimmt sein können. Vieles ist schlicht zu tun, und manche Herausforderung muss angenommen werden in der bloßen Hoffnung, sie einfach nur zu bestehen. Das Gefühl der Lust jedenfalls kann, wie jede echte Empfindung, nicht »gemacht« werden. In ihm sammelt sich das Leben zu einer gefühlten »Ganzheit und Einheit« in einer Weise, die uns unverfügbar ist. Wir können es nur erleben. Das hat die Lust mit der Liebe gemein. Auch diese gewinnt Form und Ausdruck unter Voraussetzungen, die wir nicht herstellen, sondern die wir uns allein schenken lassen können. Weder

Lust noch Liebe können erzwungen werden. In ihnen besonders tritt die »empfängliche« Dimension unseres Daseins zutage. Nur aus ihr heraus können Lust und Liebe zum Akt, zur Handlung werden.

Auch wenn Lust und Liebe nicht immer und überall am Werk sind, so ist es dennoch wesentlich, dass sie verspürt werden können. Ein menschliches Leben, das nichts oder niemanden kennt, dem es sich auf diese Weise widmet oder hingibt, wäre ein ödes, verarmtes Leben. Es wäre insgesamt »verlorene Arbeit«. In Lust und Liebe hingegen fühlt und gewinnt der Mensch in dem, was er tut, sich selbst. Dabei geht es Luther natürlich nicht um die wahllos verbrauchende Befriedigung eines hedonistischen Luststrebens. Die Pointe seiner Sicht besteht vielmehr darin, dass sie »Lust und Liebe zu allen *Geboten Gottes*« meint und beschreibt. Das wiederum ist nun eine einigermaßen überraschende Zuspitzung. Denn in der Regel werden mit Geboten oder Weisungen gerade keine lustvollen Gefühle verbunden. Selbst wenn nicht jeder die sensible Empfindung Hermann Hesses teilt, dem sich beim bloßen Hören des »Du sollst« alles »in sich umwendete« (s. Kap. 3.2.3) – mit einem Gebot dürften dennoch primär Assoziationen des Zwangs oder gar des Erschreckens einhergehen. Und in der Tat: Solche Reaktionen können die Gebote Gottes in einem Menschen *auch* auslösen. Luther jedenfalls nimmt sie ernst und beschreibt sie eingehend. Doch sein tieferes und eigentliches Anliegen geht darüber hinaus. Er will aufzeigen, dass ein Leben im Horizont der Gebote Gottes für den Menschen mit *Lustgewinn* verbunden sein kann. Es gibt durchaus eine »Freude an dem, was sein soll«[3], eine Freude am Guten. Sie entsteht dann, wenn Gebote keine abstrakte Forderung an das Handeln der Person mehr darstellen, sondern einem wesentlichen Moment im Lebensgefühl des Menschen entsprechen. Wodurch wird es geweckt?

Es wird nach Luther nicht durch die Gebote selber geweckt. Das bringt seine Formulierung dadurch präzis zum Ausdruck, dass sie Lust und Liebe *zu* allen Geboten Gottes anspricht. Das heißt: Erst wenn das menschliche Herz in einer bestimmten Weise gestimmt und ausgerichtet ist, kann Freude am Gebotenen entstehen. Maßgeblich ist also der Zusammenhang, in dem uns die Gebote begegnen. Er entscheidet darüber, wie sie empfunden werden: als äußerlicher Zwang, als innere Konfrontation oder eben als Beschreibung jener Lebensbewegung, die aus dem Glauben erwächst. In ihr allein bildet sich Lust und Liebe zu den Geboten Gottes aus. Und das schließt nicht nur *ein* Gebot, sondern in einer genau zu bestimmenden Hinsicht *alle* Gebote Gottes ein (s. Kap. 4.5).

4.2 Dimensionen des Gebotenen

Um die verschiedenen Bezüge des Gebotenen darzustellen, unterscheidet Luther mehrere *Gebrauchsweisen* des Gesetzes. Es handelt sich dabei immer um dasselbe Gebot, im Kern um die Weisungen des Dekalogs. Diese betreffen den Menschen jedoch in verschiedener Hinsicht und Weise.[4]

Die erste Bedeutung der Gebote Gottes besteht in ihrer Grundlage für das gesellschaftliche Zusammenleben. Luther spricht in diesem Zusammenhang vom *politischen* oder auch *bürgerlichen Gebrauch* des Gesetzes (lat.: »usus politicus legis« bzw. »usus civilis legis«). Er dient der Gerechtigkeit, die in einer Gesellschaft herrschen soll, und zwar durch die in ihr etablierte Rechtsordnung. Sie ermöglicht ein relativ friedliches Zusammenleben, verhindert bzw. minimiert die Ausübung von Gewalt. Notwendig ist dieser Gebrauch, weil im menschlichen Zusammenleben immer mit der Wirklichkeit des Bösen gerechnet werden muss, die sich in Gewalt und Missachtung des anderen ausdrückt. In dieser Funktion ist das Gesetz ausschließlich auf die *äußere Seite* von Handlungen bezogen. Es *erzwingt* die Beachtung verbindlicher Regeln, und zwar ohne Rücksicht darauf, ob dies der Einzelne einsieht oder nicht. (Beispiel: In verkehrsberuhigten Zonen darf nicht schneller als 30 km/h gefahren werden, gleichgültig ob ich mich darüber ärgere oder es zum Schutz anderer begrüße). Die Bildung der Herzen und Gewissen entzieht sich dem rechtlichen Zugriff. Sie darf auch niemals durch Zwang erzeugt werden, sondern kann nur aus freier Einsicht erwachsen. Allein eine Rechtsordnung, welche diese Grenze anerkennt, kann legitim sein.

In der zweiten Bedeutung betreffen die Gebote den Menschen nun nicht nur äußerlich, sondern innerlich. Sie treffen ihn ins Herz, und zwar dadurch, dass sie ihm seine Schuld vor Augen führen. Im Blick auf diese Wirkung spricht Luther vom *überführenden Gebrauch* des Gesetzes (lat.: »usus elenchticus«). Um den Unterschied zur rechtlichen Anwendung deutlich zu machen, bezeichnet er ihn auch als *theologischen* Gebrauch. Die Gebote halten dem Menschen gleichsam einen Spiegel vor, in dem er mit seinen Verstrickungen und Verfehlungen konfrontiert wird. Diese Erkenntnis ist, wo ihr nicht ausgewichen wird, mit Gefühlen des Erschreckens oder auch der Scham verbunden. Darin besteht allerdings nicht das Ziel dieser Konfrontation. Die ungeschminkte Wahrnehmung meiner krisenhaften Situation birgt vielmehr die Chance zu Besinnung und Umkehr. Sie vollzieht sich im Horizont neu geschenkten Lebens, das dem Glauben verheißen ist.

Mit beiden Gebrauchsweisen des Gesetzes hat Luther durchgängig gerechnet. Er beschreibt sie zum Beispiel folgendermaßen:

»Der Gebrauch des Gesetzes geschieht zweifach: Im bürgerlichen Leben verhindert es mit [Rechts]gewalt die Vergehen; und im geistlichen Leben deckt es die Sünden auf. Es verwehrt den bösen Buben, mutwillig zu leben. Und den heuchlerisch Gerechten zeigt es ihre Sünde, damit sie nicht hochmütig sind.«[5]

Diese beiden Anwendungsfälle beziehen sich auch auf die Glaubenden, doch entsprechen sie dem Glauben nicht. Im politischen Gebrauch verlangt das Gesetz die Beachtung der Rechtsordnung von allen Beteiligten, und zwar ohne Rücksicht auf Glauben oder Nichtglauben. Und im überführenden Gebrauch wird das Gesetz zwar auch an den Glaubenden wirksam; aber nur deshalb, weil sie zugleich Sünder sind. Die Trennlinie von Gut und Böse verläuft nicht *zwischen* den Menschen, sondern *im* Menschen. Für die beiden genannten Funktionen des Gesetzes gilt also, dass sie sich wesentlich auf die Wirklichkeit der *Sünde* beziehen. In einem Fall äußerlich im Blick auf ihre Auswirkung, im anderen Fall innerlich im Blick auf ihren Ursprung. Der Ausdruck »Sünde« ist dabei nicht moralisch zu verstehen, sondern er bezeichnet genau jenen Beziehungsverlust des Menschen, in dem er sein Herz nicht an Gott, sondern einen Abgott hängt (s. Kap. 5.4). In den beiden Dimensionen der Gebote wird die Sünde kritisch thematisiert. Sie haben damit auch eine Bedeutung für den Glauben, jedoch keine, die seinem Wesen entspricht, sondern bestenfalls eine, die ihm zuvorkommt oder ihn vorbereitet. Lust und Liebe zu allen Geboten Gottes entsteht dadurch jedenfalls nicht.

Sie können erst dann erwachsen, wenn die Gebote stimmig werden mit dem Lebensgefühl des Menschen. Und das beginnt mit dem in ihnen angesprochenen Vertrauen des Herzens. In ihm erscheinen die Gebote den Glaubenden nämlich weder als überführende Anklage noch als Druck rein äußerlicher Anpassung. Vielmehr entspricht der Glaube genau dem, wozu Gott im Ersten Gebot auffordert: ihm zu vertrauen. Auf dieser Linie lässt sich sagen, dass die Forderung des Gebotes dem Glaubenden seine eigene Lebensbewegung vorzeichnet; sie »beflügelt und orientiert, reizt und ermahnt«[6] ihn. In dieser positiv ansprechenden Weise besteht die Bedeutung des Gesetzes, die dem Glauben entgegenkommt. Luther hat in diesem Zusammenhang gelegentlich von der *ermunternden* (lat.: »adhortativen«) Bedeutung der Gebote gesprochen. Und das wirkt sich unmittelbar darauf aus, wie die Gebote empfunden werden. Das »Du sollst« wandelt sich in ein »Du wirst«. Aus dem Zwang wird eine Verheißung. Die Gebote Gottes *beschreiben* vorab jene Züge im Lebensgefühl des Glaubens, die es insgesamt ausmachen und bestimmen.

Zusammenfassend gilt also, dass die verschiedenen Dimensionen des Gebotenen eine jeweils spezifische Bedeutung und Funktion haben:

- Der politische Gebrauch dient als normatives Kriterium für die gerechte Gestaltung eines Gemeinwesens. Das Gesetz wirkt hier als *Riegel* gegenüber der bösen Tat.
- Der überführende Gebrauch dient der kritischen Überprüfung der eigenen Lebensführung. Gottes Gebot begegnet darin dem Menschen als *Spiegel*, in dem er sich selbst erkennt.
- In der ermunternden Dimension kommen die Gebote dem Lebensgefühl des Glaubens entgegen, das sich im Vertrauen zu Gott und in der Liebe zum Nächsten zeigt. Gottes Gebot erscheint hier als *Regel*, nach welcher der Glaubende lebt. »Die Liebe ist des Gesetzes Erfüllung.« (Röm 13,10)

4.3 Der Grund des Glaubens: der dreieinige Gott

Das Lebensgefühl des Glaubens verändert die Haltung des Menschen zu den Geboten Gottes. Es wird jedoch durch die Gebote nicht selber hervorgerufen. Das ist ihre prinzipielle Grenze. Entstehen kann es allein dadurch, dass sich der Mensch von Gott *beschenkt* erlebt, und zwar in einer Weise, die alle Dimensionen seines Lebens umfasst. Genau das macht Luther klar, indem er den Dekalog im Ganzen einbezogen sieht in die drei grundlegenden Aussagen des christlichen Glaubensbekenntnisses über Gott. In den drei Artikeln des Credo (s. Anhang) wird der *eine Gott* dreimal auf unterschiedliche Weise beschrieben: als *Schöpfer* alles Wirklichen, der in *Jesus Christus* Mensch geworden ist und im *Heiligen Geist* wirksam wird. Das christliche Bekenntnis der Trinität Gottes repräsentiert darin keineswegs die Vorstellung von drei Göttern; es bezieht sich auf den *einen* Gott, der dem Menschen in unterschiedlicher Weise begegnet und es darin jeweils gut mit ihm meint. In einem tiefen Sinn gilt hier tatsächlich: Aller guten Dinge sind drei.

In diesem Kontext wird der Mensch – das ist für Luther die entscheidende Perspektive – nicht als Handelnder, sondern grundsätzlich als *Empfangender* angesprochen.

»Darauf folgt nun angemessener Weise das Glaubensbekenntnis, das uns alles vorlegt, was wir von Gott erwarten und empfangen müssen, und das uns, kurz gesagt, ihn ganz und gar zu erkennen lehrt. Dadurch sollen wir befähigt werden, den Zehn Geboten gemäß zu handeln. Denn diese haben (...) einen so hohen Anspruch, dass kein Mensch von sich aus in der Lage ist, sie wirklich zu befolgen. Darum ist es ebenso nötig, auch dieses Stück zu lernen, damit man erfährt, wie das zu erreichen, woher und wodurch diese Kraft zu nehmen ist.«[7]

Mit zwei kritischen Vorbehalten, die einander bedingen, wird hier also die grundsätzliche Grenze des Gebotenen markiert:

- Der Mensch kann aus »eigener Kraft« die Gebote Gottes nicht halten. Die Kraft dazu muss ihm geschenkt werden.
- Das wiederum liegt daran, dass die Gebote in ihrem wahren Anspruch so »hoch« sind, dass sie der Mensch »von sich aus« gar nicht befolgen kann.

Die Einschränkungen könnten dahingehend missverstanden werden, dass ein eigenständiges Leben im Horizont der Gebote überhaupt nicht denkbar ist. So ist es aber nicht gemeint. Der Anspruch der Gebote ist vielmehr so hoch, weil sie im Kern auf nichts anderes abzielen als Vertrauen und Liebe. Beides sind Akte, die zwar aus der persönlichsten und intimsten Sphäre des Menschen kommen, die er aber zugleich am wenigsten selber in der Hand hat. *Deshalb* kann er die Gebote von sich aus nicht erfüllen. Es muss ihm eröffnet werden. Mit den drei Artikeln des Credo beschreibt nun Luther ein Lebensgefühl, in dem dies möglich wird. Er befragt das Bekenntnis zum dreieinigen Gott konsequent auf seine Bedeutung für das menschliche Leben und Selbsterleben. Das Motiv der *Dankbarkeit*, die Verheißung der *Erlösung* und die Inspiration durch die *Liebe* Gottes spielen dabei eine Rolle. In all dem erfährt sich der Mensch in jeweils spezifischer Weise beschenkt. Im Empfangen *gründet* der Glaube (s. Kap 5.5.3). Er wird von Gott hervorgerufen, motiviert und getragen. Eben daraus erwächst jene Lust und Liebe, welche der Güte Gottes im Leben des Menschen entspricht.

4.3.1 »Geschaffen samt allen Kreaturen« – dankbar leben

In seiner Auslegung zum Ersten Glaubensartikel im Kleinen Katechismus bringt Martin Luther das ganz und gar nicht Selbstverständliche zur Sprache und ins Bewusstsein: *Ich bin, und ich bin noch immer.* Es geht um mein Leben, aber nicht allein um mein Leben, sondern das eines jeden, das Leben der ganzen Kreatur. In unüberbietbarer Prägnanz rufen das die beiden ersten Zeilen seines Textes in Erinnerung, der dann in geradezu poetischer Dichte die Dimensionen des Lebens wie in sich weitenden Kreisen auffächert und beschreibt:

»Ich glaube, dass mich Gott geschaffen hat
samt allen Kreaturen,
mir Leib und Seele, Augen, Ohren und alle Glieder,
Vernunft und alle Sinne gegeben hat und noch erhält;
dazu Kleider und Schuh, Essen und Trinken,
Haus und Hof, Weib und Kind,
Acker, Vieh und alle Güter;
mit allem, was not tut für Leib und Leben,
mich reichlich und täglich versorgt,
in allen Gefahren beschirmt
und vor allem Übel behütet und bewahrt;
und das alles aus lauter väterlicher,
göttlicher Güte und Barmherzigkeit,
ohn all mein Verdienst und Würdigkeit:
für all das ich ihm zu danken und zu loben
und dafür zu dienen und gehorsam zu sein schuldig bin.
Das ist gewisslich wahr.«[8]

Luthers Auslegung kann wie die Antwort auf eine berühmte Frage der Philosophie gelesen werden: »Warum ist überhaupt etwas? Warum ist nicht nichts?« Der oft zitierte Satz *F.W.J. Schellings* (1775-1854) begleitet in verschiedenen Variationen[9] das Nachdenken des Menschen über seine Existenz und ihren Grund. Im Letzten führt es zu der Frage, warum ich überhaupt da bin. Für den Glauben ist dieser Grund nicht der Zufall oder das Ungefähre, sondern Gott. Seinem schöpferischen Wirken verdankt alles, was ist, sein Dasein.

Diese Gewissheit, welche der Erste Artikel des Credo summarisch in das Bekenntnis zum »Schöpfer des Himmels und der Erde« fasst, greift Luther auf, indem er sie durchgängig existenziell wendet. Ihm geht es nicht um einen allgemeinen Schöpfungsvorgang in einer weit entfernten, nicht greifbaren Vergangenheit, sondern um das jetzige Leben, wie es konkret geworden ist. Das meint: »Ich glaube, dass *mich* Gott geschaffen hat.« Ich, ich persönlich bin gemeint, wenn von Gottes schöpferischem Wirken die Rede ist. Es handelt sich dabei um kein punktuelles Ereignis, das sich an irgendeiner Stelle der Genese des Menschen festmachen ließe, sondern um einen fortdauernden Prozess des Erschaffen- bzw. des Erhaltenwerdens. »... und noch erhält« – das ist die existenzielle Pointe seiner Auslegung. Ich lebe und darf leben, mit allem, was mich ausmacht: Vergangenheit, Gegenwart und Zukunft.

Dieses Leben wird nun umfassend in verschiedenen, aufeinander aufbauenden Dimensionen beschrieben. Es beginnt bei mir selbst, bei meiner individuellen Existenz in ihrer leibhaften Ausstattung, zu der »Leib und Seele, Augen, Ohren und alle Glieder, Vernunft und alle Sinne« gehören. In einem nächsten Schritt wird aufgeführt, was den Leib direkt schützend umgibt (»Kleider und Schuh«) bzw. ihn unmittelbar nährt und erhält (»Essen und Trinken«). Folgerichtig weitet sich diese Dimension in den nahen sozialen Kontext hinein, aus dem das Lebensnotwendige entspringt (»Haus und Hof, Weib und Kind, Acker, Vieh«). Die Anschauung für seine Aufzählung gewinnt Luther aus der unmittelbaren Versorgungsgemeinschaft eines familiären Lebens, für das ihm nicht zuletzt seine eigene Erfahrung Vorbild gewesen sein dürfte. Der zeitbedingte, männliche

Blickwinkel seiner Aussage wird auch daran deutlich, dass in ihr »Weib und Kind« als Aspekte der Umgebung genannt werden. Unter heutigen Perspektiven handelt es sich hierbei um eine Zuordnung, die als einseitig und nicht mehr zeitgemäß bezeichnet werden muss. Die Wahrnehmung weitet sich aber wiederum, indem zusammenfassend »alle Güter« genannt werden, die dem Einzelnen aus dem sozialen Zusammenleben in seinen unterschiedlichen Ausformungen erwachsen und die seine individuelle Lebensführung überhaupt erst möglich machen. Das bedeutet insgesamt: »mit allem, was not tut für Leib und Leben, mich reichlich und täglich versorgt«.

Mit seiner kunstvoll aufgebauten Auslegung beschreibt Luther die Bedeutung von Gottes Schöpfungshandeln. Es besteht darin, dass er mir die Möglichkeiten meines Lebens eröffnet und erhält. Was ich kann, verdankt sich in allen selbstbestimmten Vollzügen dem schöpferischen Wirken Gottes; es bleibt darauf angewiesen. Gleichzeitig und gleich ursprünglich ist aber meine leibhafte Existenz auf alle Mitgeschöpfe bezogen. Das bringt die einleitende Aussage »Ich glaube, dass mich Gott geschaffen hat« mit der ergänzenden Wendung *»samt allen Kreaturen«* wunderbar zum Ausdruck. Erst damit wird der Sinn des Satzes vollständig. Er deutet und bestimmt wie eine Überschrift sämtliche weiteren Aussagen. Die mir geschenkten Möglichkeiten sowie alle Güter, welche mein Dasein schützen und kräftigen, stehen mithin in einem unaufhebbaren Zusammenhang mit anderem Leben. Indem sie mir dienen, sollen sie zugleich anderen und anderem zugutekommen. Der Ausdruck »Kreatur« ist dabei bewusst gewählt. Er schließt eben nicht allein die mitmenschliche Existenz, sondern alles Leben und also überhaupt die geschaffene Wirklichkeit ein. In der Formulierung »samt allen Kreaturen« drückt sich die Empfindung des »ganzen und ungeteilten Daseins« aus, dessen

Teil der Mensch ist und dessen er in manchen Augenblicken staunend gewahr wird.

Ein schönes, anrührendes Beispiel für diese staunende Wahrnehmung findet sich in *Erich Kästners* Kinderroman »Das doppelte Lottchen«. Bei einer Wanderung im Voralpenland eröffnet sich (der verkehrten) Luise – während sie mit ihrer Mutter die Zugspitzbahn »in den Himmel kriechen« sieht – plötzlich der Blick auf den Eibsee, der »winzig im Talkessel« unten liegt. Und sie sagt versonnen: »Als ob der liebe Gott bloß mal so hingespuckt hätte.«[10] Eine solche Empfindung der Ganzheit des Lebens ist gewiss eine Momentaufnahme. Sie ist auch ihrerseits von religiösen und anderen Deutungen abhängig. Doch ändert das nichts am Gehalt dieser und vergleichbarer Impressionen, die nicht allein Kindern vorbehalten sind: Das Geschaffene wird transparent für seinen schöpferischen Grund. Es sind solche Bilder, in denen der Mensch der ursprünglichen Integrität und Kostbarkeit seines Daseins innewird. Sie behalten ihre Bedeutung und Kraft auch in den Augenblicken, in denen sich dieses Dasein gefährdet oder verletzt zeigt. Sie werden dann zu Gegenbildern einer Wirklichkeit, deren zerstörerisches, vernichtendes Potential allem Hohn spricht, was das Leben in und mit »allen Kreaturen« ausmacht. Diese grausame Wirklichkeit verdichtet sich zu bestimmten Zeiten in einer Weise, die aus Namen geradezu Symbole der Verwüstung macht. »Aleppo« ist heutzutage ein Beispiel von vielen dafür.

Das Leben ist fragil. Es zerbricht nur deshalb nicht grundsätzlich, weil es von einem Augenblick zum nächsten gehalten und getragen wird. Dem Glauben ist genau das nicht selbstverständlich, sondern Erfahrung einer Güte, die durch nichts verdient, sondern nur dankbar angenommen werden kann. Zwar gehört zum menschlichen Dasein elementar das Erleben von Verlässlichkeit. Der Boden, der mich trägt; mein Körper, der pulsiert; die Beziehung, die mich hält – alles Erfahrungen einer Beständigkeit, ohne die sich kein Vertrauen ins Leben aufbauen kann. Doch sie stehen nicht ein für alle Mal fest. Bereits das unvermutete Stocken des Atems kann tief schlummernde Ängste wecken, die einen abgründigen Sog entwickeln und den Menschen, sei es auch bloß für einen Moment, mit dem Nichts konfrontieren. Solche Situationen greift Luther auf, indem er die in ihnen zugleich erfahrene Bewahrung benennt: »in allen Gefahren beschirmt und vor allem Übel behütet und bewahrt«. In seiner Verletzlichkeit ist das erschaffene Leben in wunderbarer Weise umfangen. Das meint: »und noch erhält«.

Das »noch« in dieser Wendung zeigt freilich an, dass es auch damit ein Ende haben kann. Zu den verstörenden Erfahrungen, die Menschen machen müssen, gehört ja zweifellos der Umstand, dass unterschiedslos jedem, verdient oder unverdient, Übles widerfahren kann. Das kann eine Existenz bis in ihre Grundfesten hinein erschüttern. Jeder und jede sollte so lange wie möglich leben dürfen. Doch eben das ist viel zu vielen nicht vergönnt. Es gibt zahlloses nicht gelebtes Leben, von dem – wenn überhaupt – nur in Ansätzen erkennbar ist, was aus ihm noch hätte werden können. Aber selbst wenn es anders kommt, wenn also, in welcher Weise auch immer, zur Reife gelangen darf, was in einem Menschen angelegt ist, sind die Lebenskräfte irgendwann verbraucht. Die Endlichkeit ist dem Leben eingestiftet, ihr entrinnt niemand. Im »noch erhält« scheint sie auf. Und zugleich schwingt darin eine Dimension mit, die das Leben auch in seiner Endlichkeit umfängt und über sie hinausweist. Diese Dimension gründet in Gottes bleibender Zuwendung. Sie kann dem Menschen im Erkennen der ewigen Treue des Schöpfers zu seinen Geschöpfen aufgehen. Dem christlichen Glauben begegnet sie im Leben,

Sterben und Auferstehen Jesu Christi, in dem Gott aus dem selbst erlittenen Tod heraus neues Leben schafft.

Ich bin, und ich bin noch immer – im Zusammenhang des Schöpfungsartikels steht für Luther dieses Lebensgefühl im Mittelpunkt. Und er erfasst es mit einem daraus entspringenden konkreten Gefühl: dem der *Dankbarkeit*. Dankbarkeit zu empfinden setzt immer eine Erfahrung voraus, in der ich beschenkt werde. Indem ich meinen Dank ausdrücke, beziehe ich mich auf etwas, was ich eben nicht selber hervorbringen konnte. Es kann mir nur frei und ungezwungen gegeben werden; ich kann es nur entgegennehmen, sprich: »dankend annehmen«. Das gilt für alle Akte der Dankbarkeit, insofern sie aus einem ehrlichen, tief empfundenen Gefühl entstehen. In ihm wird der Mensch dessen gewahr, was sein Leben unverfügbar und unverdient auszeichnet. »Ohn all mein Verdienst und Würdigkeit« – mit einer Formulierung, die in seinem theologischen Denken einen zentralen Stellenwert hat, bringt Luther diesen Zusammenhang hier auf den Punkt. Man würde sie freilich eher im Kontext dessen erwarten, was er mit Rechtfertigung des Sünders allein aus Gnade bezeichnet. Doch hat es einen tiefen theologischen und existenziellen Sinn, dass Luther bereits das Geschaffen-Sein des Menschen als Ausdruck göttlicher Gnade und Güte begreift. Ich habe mein Leben empfangen, aus Liebe heraus. Was für das konkrete Werden des menschlichen Lebens aus der Vereinigung von Frau und Mann gilt, bezeichnet in anderer, alles umfassender Weise auch seinen göttlichen Grund. Er erschafft und erhält aus voraussetzungsloser Liebe.

Dieses Grundgefühl der Dankbarkeit aus geschenktem Leben kann den Menschen für den Sinn des von Gott Gebotenen öffnen. Es bringt eine Lebensbewegung in Gang, die sich insgesamt am Willen des Schöpfers für seine Schöpfung orientiert. Dies ist die Bedeutung von

Luthers abschließender Sentenz: »Für all das ich ihm zu danken und zu loben und dafür zu dienen und gehorsam zu sein schuldig bin.« Seine Ausdrucksweise ist dabei insofern missverständlich bzw. problematisch, weil in ihr Assoziationen abstrakter Pflichterfüllung anklingen, die aber an der Sache vorbeigehen. Dankbar zu leben erwächst vielmehr aus dem Herzen. Durch den Dank wird das Herz in einer Weise gestimmt, die zum Tun des Guten anregt, bereitwillig und spontan. Das geschenkte Leben soll mit anderen geteilt, dadurch gemehrt und gefördert werden. Eben das meint: »Ich glaube, dass mich Gott geschaffen hat samt allen Kreaturen.«

4.3.2 »Dem Evangelium den Schoß hinhalten« – befreit leben

Das geschenkte Leben dankbar zu teilen, das entspricht einem Selbstgefühl, in dem sich der Mensch als Gottes Geschöpf weiß. Jedoch: So zeigt sich das menschliche Leben nicht immer. Zu seiner Geschichte gehören ebenso Zeiten, in denen er Gott vergisst. Und er findet sich verstrickt in Handlungen, mit denen er dem Nächsten und auch sich selbst, manchmal in tiefgehender Weise, schadet. Die Liebe des Schöpfers zu seiner Schöpfung besteht nun darin, dass er den Menschen in dieser Situation nicht sich selbst überlässt, sondern ihm zu Hilfe kommt. Das ist für Luther der Sinn des Ausdrucks *Evangelium*, der für ihn einen schlechthin zentralen Stellenwert hat. Mit ihm erfasst er, in der Aufnahme der biblischen Redeweise, summarisch jene bedingungslose Liebe Gottes, die im Leben und Wirken Jesu Christi offenbar wird. Lässt sich der Mensch auf diese Botschaft ein, dann kann er eine tiefgreifende Befreiung aus den Verstrickungen erfahren, in die er schuld- oder schicksalhaft immer wieder gerät. Im Evangelium artikuliert sich jene fundamentale Gnade Gottes, durch die er dem Menschen, gerade in den persönlichen und sozialen Verwerfungen, die Treue hält.

»Evangelium« (griechisch: euangelion) meint wörtlich übersetzt: gute Nachricht, Freudenbotschaft. Der Begriff wurde nicht vom Christentum erfunden. Er stammt aus der hellenistischen Umwelt des frühen Christentums, hatte dort religiöse, aber auch profane, weltliche Bedeutung. Aus diesem Kulturkreis wurde er in das Neue Testament übernommen und darin neu gefüllt. Wichtig für das inhaltliche Verständnis von Evangelium sind dabei die Wurzeln des Begriffs im Alten Testament bzw. in der Hebräischen Bibel. Von zentraler Bedeutung ist hier die Figur des »Freudenboten«, der eine umfassende Heils- und Friedenszeit ankündigt: »Wie lieblich sind auf den Bergen die Füße der Freudenboten, die da Frieden verkündigen, Gutes predigen, Heil verkünden, die da sagen zu Zion: Dein Gott ist König!« (Jes 52,7)

Die christlichen Urgemeinden griffen diese Art der Verkündigung auf, bezogen sie aber durchgehend auf das Leben und Werk Jesu Christi. Mit dieser inhaltlichen Ausrichtung hat Paulus den Ausdruck »Evangelium« in den Wortschatz des Neuen Testaments eingebracht. Im Einzelnen haben dann die neutestamentlichen Autoren das Wort durchaus unterschiedlich akzentuiert. Immer ist jedoch klar, dass es sich um eine froh machende Botschaft mit einem bestimmten Inhalt handelt: Gott ist in Jesus Christus Mensch geworden. In seinem Wirken, durch seinen Tod und kraft seiner Auferweckung hat Gott definitiv zum Heil und Frieden der Welt gehandelt. Diese Botschaft ist wesentlich *eine*. Es gibt deshalb nur *das* Evangelium und nicht verschiedene Evangelien (Gal 1,6f).

Dass dennoch auch der Plural gebräuchlich ist, geht auf die vier Schriften des Neuen Testaments zurück, welche die Lebensgeschichte Jesu Christi darstellen. Ab dem

2. Jahrhundert hat sich für sie die Bezeichnung *Evangelien* durchgesetzt. Diese Redeweise ist dem Neuen Testament jedoch im Grunde fremd. Luther erinnert wieder an den ursprünglich einheitlichen Sinn und die Mitteilungsform des Evangeliums, wenn er betont:

»Evangelium ... ist eigentlich nicht das, was in den Büchern steht und in Buchstaben verfasst wird, sondern mehr eine mündliche Predigt und ein lebendiges Wort und eine Stimme, die in die ganze Welt erschallt und öffentlich ausgeschrien wird, dass man's überall hört.«[11]

Das Evangelium ist das Zentrum der biblischen Botschaft, und zwar unabhängig davon, ob das Wort gebraucht wird oder nicht. Es meint immer eine bestimmte Erfahrung, die auch als Befreiung, Errettung oder Erlösung bezeichnet werden kann. Es geht insgesamt um die Eröffnung neuen Lebens; sie wird im Evangelium beschrieben oder erzählt. Und dies gründet nicht in eigenen Leistungen oder Vorleistungen des Menschen. Es widerfährt ihm als Ausdruck überwältigender Liebe und Zuneigung Gottes.

Mit dem Stichwort »Evangelium« ist für Luther zugleich das wesentliche Kriterium gegeben, mit dem nicht nur jedwede religiöse Aussage, sondern auch die Texte der Bibel selber beurteilt werden. Nicht alle haben für ihn die gleiche Bedeutung und Verbindlichkeit. Viele Bezüge in ihnen sind zudem an fremde Zeiten und Umstände gebunden, haben damit nur noch einen historischen Sinn. Für Luther war klar: Zum maßgeblichen Wort Gottes kann nur werden, was im Evangelium seinen inhaltlichen Bezugspunkt findet. Die biblischen Texte bilden zwar sein ursprüngliches und insofern grundlegendes Zeugnis, aber sie sind mit dem Evangelium nicht identisch. Die bekannte Formel, was »Christus treibet«, bringt das zum Ausdruck.

Sie ist für Luther die hermeneutische (das Verstehen orientierende) Regel, mit der alle Aussagen über Gott, und damit auch die biblischen, auf ihre Wahrheit hin überprüft werden:

»Das ist auch der rechte Prüfstein, alle Bücher zu beurteilen, wenn man sieht, ob sie Christus treiben oder nicht ... Was Christus nicht lehret, das ist nicht apostolisch, wenns gleich Petrus oder Paulus lehret; umgekehrt, was Christus predigt, das ist apostolisch, wenns gleich Judas, Hannas, Pilatus und Herodes täte.«[12]

»Christus treiben« – das meint: ihn bedenken, meditieren, zur Sprache bringen. Ob das geschieht oder nicht, das hängt freilich nicht von der bloßen Nennung des Namens ab. Entscheidend ist, was dem Wort und Geist des Evangeliums entspricht. Deshalb findet es sich für Luther nicht nur in den Texten des Neuen, sondern auch des Alten Testaments (s. Kap. 4.4). Im gesamten biblischen Zeugnis das Evangelium herauszufinden und es immer wieder neu zu beschreiben ist die eigentliche Aufgabe der Theologie. Sie ist damit zugleich ein kritisches Unterfangen. In ihr gilt es nämlich, *unterscheiden* zu lernen. Nicht nur zwischen wichtigen und nachrangigen Ereignissen, zwischen zeitbedingten und zeitlosen Wahrheiten. Die kritische Arbeit der Theologie greift tiefer. Es ist die immer neu zu unternehmende Suche nach dem, was in der Vielzahl möglicher Glaubensaussagen und Lebensvollzüge *als Evangelium* identifiziert, benannt und dann auch kommuniziert zu werden verdient. Wer das von dem zu unterscheiden vermag, was nicht Evangelium ist – der oder die ist nach Luther ein Theologe oder eine Theologin.

Es ist nun eine geradezu sinnliche Metapher, mit der Luther beschreibt, wie der Mensch dem »lebendigen

Wort« des Evangeliums begegnet. Es zu hören bedeutet so viel wie: ihm »den Schoß hinhalten«. Die erotische Anspielung ist unverkennbar. Man muss sie auch gar nicht überspielen, um den metaphorischen, bildlichen Gehalt dieser Äußerung zu verstehen. Sie hat einen generellen Sinn, zielt auf die empfangende Dimension menschlichen Lebens überhaupt. In ihr *öffnet* sich die Person; und das ist die Voraussetzung dafür, dass etwas beglückend in sie Eingang finden kann. Alle Eindrücke, die wir mit den Sinnen in uns aufnehmen, hängen davon ab. Sei es der Staunen machende Anblick einer überwältigenden Landschaft oder die sinnliche Erscheinung einer menschlichen Gestalt – sie berühren uns nur, insoweit wir einen Blick für sie haben und uns für sie öffnen können. Wobei das eine durchaus das andere bedingt. Impression und Gefühl stehen in einem Wechselverhältnis. Verstörende oder grausame Eindrücke lösen den gegenteiligen Impuls aus. Von ihnen möchte man sich spontan abwenden; sie haben eine verschließende Wirkung, in der sich die menschliche Seele selber zu schützen sucht. Sie kann sich öffnen, wenn das, was ihr begegnet, sie belebend und befreiend anspricht. »Das spricht mich an«, sagen wir dann. Und wir bezeichnen damit Eindrücke, die uns etwas bedeuten, den Horizont weiten.

Genau dieser Zusammenhang gilt auch für die Erfahrung des Evangeliums. Es spricht den Menschen an. Ob es jedoch in seinem Herzen ankommt, hängt davon ab, inwieweit er sich ihm öffnen kann. Das Evangelium will tatsächlich Eingang finden in das menschliche Leben. Das »äußere Wort« soll zum »inneren Wort« werden, wie Luther auch sagen kann (s. Kap. 6.1.2). Damit wird es zur befreienden Erfahrung, die sich im Leben heilvoll ausbreitet. Das ist der tiefe Sinn der Metapher, man müsse dem Evangelium »den Schoß hinhalten«.

Wie kommt Luther zu ihr? Er formuliert sie im Rahmen jener fundamentalen Unterscheidung, die seine Theologie insgesamt bestimmt und durchzieht: der Unterscheidung von *Gesetz und Evangelium*. In seiner Schrift »Eine Unterrichtung, wie sich die Christen in Mose sollen schicken« (1525) beschreibt er die jeweilige Charakteristik von Gesetz und Evangelium folgendermaßen:

»Das Gesetz gebietet und fordert von uns, was wir tun sollen, es ist allein auf unser Tun gerichtet und besteht im Fordern. Denn Gott spricht durch das Gesetz: Tu das, lass das, das will ich von dir haben. Das Evangelium aber predigt nicht, was wir tun oder lassen sollen, fordert nichts von uns, sondern wendet es um, tut das Gegenteil und sagt nicht: Tu dies, tu das, sondern heißt uns nur den Schoß hinhalten und nehmen und spricht: Sieh, lieber Mensch, das hat dir Gott getan, er hat seinen Sohn für dich ins Fleisch gesteckt, hat ihn um deinetwillen erwürgen lassen und dich von Sünde, Tod, Teufel und Hölle errettet; das glaube und nimm es an, so wirst du selig.«[13]

Das Evangelium verlangt nichts, sondern gibt; es erwartet nichts, sondern schenkt. Das ist die Zielrichtung von Luthers Deutung. Das Evangelium gibt und schenkt jenes Leben, das in Christus erschienen ist, und zwar durch den Tod hindurch. Einen grausamen Tod fürwahr, vor dessen Anblick man die Augen lieber verschließen möchte. Das Kreuz, das Zentralsymbol des christlichen Glaubens, ist in Wahrheit ein Marterinstrument. Luther spricht nicht umsonst und drastisch genug von »erwürgen«. Das sollte zumindest nicht völlig ausgeblendet werden, wenn das Kreuz etwa als Schmuckstück um den Hals getragen wird. Als Symbol einer frohen Botschaft jedenfalls ist es nur schwer zu entziffern. Möglich ist das allein, weil das Kreuz Christi als Ausdruck einer letzten, bedingungslosen Liebe gesehen werden kann, in der Gott sich auf dieses Leben im Leiden und Sterben vollkommen eingelassen hat. Gott beantwortet Hass nicht mit Hass und Gewalt nicht mit Gewalt, sondern er erträgt sie und bricht dadurch ihre Macht. Der Kreislauf des Todes wird durchbrochen, weil die Unbedingtheit der Liebe dazwischengetreten ist. Das ist die *erlösende* Dimension des Kreuzes, die für Luther den zentralen Inhalt dieses Symbols darstellt. Das meint: »... dich von Sünde, Tod, Teufel und Hölle errettet.«

Die Begriffswelt des Reformators mag dem heutigen Lebensgefühl fremd sein, die damit verbundene Erfahrung ist es sicherlich nicht. Es geht um Befreiung von Zwängen, die auf die Zerstörung des anderen und seiner selbst hinauslaufen. Und es geht um die Erfahrung, dass ein Mensch so in sich gefangen und verschlossen sein kann, dass ihn kaum etwas Belebendes mehr erreicht. »Tyrannen und Gefängnisaufseher« – mit diesem starken Bild beschreibt Luther in der Auslegung zum Zweiten Glaubensartikel solche Mächte, die den Menschen heillos binden und für das Leben abstumpfen. Und das gilt eben nicht nur äußerlich, sondern in einem entscheidenden Sinn auch innerlich; es betrifft das Herz. In ihm erfährt jeder Mensch unmittelbar, was Gefangenschaft bedeuten kann. Doch die fesselnden Aufseher werden »alle vertrieben, und an ihre Stelle ist Jesus Christus getreten, der Herr des Lebens, der Gerechtigkeit, alles Guten und des Einklangs mit Gott«[14]. Diese Verheißung nimmt der Glaube in der Betrachtung des Kreuzes wahr. Darin liegt seine die Herzen anrührende, verwandelnde Kraft und insgesamt die existenziell-befreiende Bedeutung des Evangeliums. In ihm begegnet der Mensch einem Leben, das stärker ist als der Tod, weil in ihm die Macht der Liebe erschienen ist. *Jesus Christus ist Gottes Liebe in Person*. Das im Kern ist die froh machende Botschaft des Evangeliums.

4.3.3 »Der Spiegel von Gottes väterlichem Herzen« – inspiriert leben

Mit dem Wirken Gottes als *Heiliger Geist* wird nun jene Erfahrung zugänglich, die dem Menschen die Botschaft des Evangeliums im Herzen aufgehen lässt. Wie und worin sich dieser Vorgang im Einzelnen vollzieht, bedarf einer eigenen Erörterung (s. Kap. 6). In diesem Kontext ist von Bedeutung, welches Bild von Gott sich auf diese Weise erschließt und wie sich das auf das menschliche Leben und Handeln auswirkt.

Für Luther ist das Wirken Gottes im Ganzen durch ein einziges Motiv bestimmt: die *Liebe*. Durch sie will Gott den Menschen immer mehr »zu sich bringen«. In dieser Zuspitzung beschreibt Luther in seiner Auslegung zum Dritten Glaubensartikel das Handeln des dreieinigen Gottes als ein Geschehen, dessen verschiedene Aspekte in sich zusammenhängen:

»Da hast du das ganze göttliche Wesen, Gottes Willen und Wirken mit ganz kurzen und doch inhaltsreichen Worten überaus treffend beschrieben ... Denn da hat er selbst offenbart und aufgetan den tiefsten Abgrund seines väterlichen Herzens und ganz unaussprechlicher Liebe in allen drei Artikeln. Denn er hat uns eben dazu geschaffen, um uns zu erlösen und zu heiligen, und über das hinaus, dass er uns alles gegeben und eingeräumt hatte, was im Himmel und auf Erden ist, hat er uns auch seinen Sohn und Heiligen Geist gegeben, um uns durch sie zu ihm zu bringen. Denn wir könnten niemals dahin kommen, die Zuneigung und das Wohlwollen des Vaters zu erkennen, ohne den Herrn Christus, der der Spiegel von Gottes väterlichem Herzen ist und außerhalb dessen wir in Gott nichts sehen als einen zornigen und schrecklichen Richter. Von Christus aber könnten wir auch nichts wissen, wenn es nicht durch den Heiligen Geist offenbart wäre.«[15]

»Gott ist die Liebe« (1. Joh 4,16) – das ist die entscheidende biblische Aussage über das Wesen Gottes. Sie wird hier von Luther in trinitarischer Perspektive aufgenommen und entfaltet. Die Liebe ist der schöpferische Grund des Lebens. Sie bleibt es auch dann, wenn ihr das Geschöpf in seinem Handeln nicht entspricht, sondern den Mächten des Bösen und Destruktiven verfällt. Für diese bedingungslos durchgehaltene Liebe steht der Name Jesu Christi. Das verdeutlicht Luther mit der tiefsinnigen Metapher, dass Christus »der Spiegel von Gottes väterlichem Herzen« ist. Will heißen: Durch Christus schauen wir Gott ins Herz. Auf indirekte Weise zwar, aber doch so, dass sich Gott darin ganz offenbart.

Ins Herz sehen – das bedeutet: erkennen, was jemanden im tiefsten und in Wahrheit bewegt. Zwischen Menschen ereignet sich das in jenen besonderen Augenblicken, in denen wir uns füreinander öffnen. Nicht immer jedoch lassen wir uns ins Herz schauen. Mitunter verbergen wir es sogar gezielt voreinander, aus taktischen Erwägungen heraus oder um uns zu schützen. Das Innere füreinander zu öffnen setzt Vertrauen voraus. Nur dann können wir zeigen oder erzählen, was uns wirklich bewegt. Auch solche Worte und Gesten werden zum Spiegel des Herzens. An ihnen wiederum wächst das Vertrauen, das wir zueinander haben. Es nährt sich aus der Erfahrung eines geöffneten Herzens. Das gilt ebenso für das Vertrauen in Gott. Wer und was er ist, das zeigt und »spiegelt« sich in Christus. Ohne ihn würde sich dem Menschen angesichts seiner schuldhaften Verstrickungen eher das Bild eines »zornigen Richters« aufdrängen. Doch Gott ist anders, er ist Liebe. Tiefer kann man ihm nicht ins Herz schauen. Der Heilige Geist lässt dem Menschen den Blick dafür aufgehen, ermöglicht ihm so ein Vertrauen, das auf das gesamte Leben ausstrahlt. Denn Gott »hat uns eben dazu geschaffen, um uns zu erlösen und zu heiligen« – prägnanter lässt sich dieser Zusammenhang nicht ausdrücken. In Christus werden wir der ursprünglichen Güte des Schöpfers gewahr, die im menschlichen Leben Gestalt gewinnen will.

Insgesamt entsteht so eine Sicht des menschlichen Lebens, das vom Anfang bis zum Ende von göttlicher Liebe umfangen und getragen ist. An anderer Stelle (in den »Invokavitpredigten« des Jahres 1522) hat Luther das in das schöne und ausdrucksstarke Bild gefasst:

»Gott ist ein glühender Backofen voller Liebe, der da reicht von der Erde bis an den Himmel.«[16]

Damit wird auch die Wirkung der Liebe Gottes verdeutlicht. Sie zu erfahren heißt zugleich, von ihr erwärmt und durchdrungen zu werden. Das bleibt nicht ohne Auswirkungen auf das Lebensgefühl und meine Selbstwahrnehmung. Ich erlebe mich unmittelbar und bedingungslos angenommen. Und das bewegt das menschliche Herz in einer Weise, die es nun seinerseits für den Sinn des von Gott Gebotenen öffnet. Vertrauen in Gott und Liebe zu den Menschen werden durch Gott selbst ermöglicht. Diesen Zusammenhang fasst Luther am Ende seiner Auslegung des Dritten Glaubensartikels in die konzentrierten Worte:

»Daraus erkennst du, dass das Glaubensbekenntnis eine völlig anders geartete Lehre ist als die Zehn Gebote. Denn die Zehn Gebote lehren, was wir tun sollen, das Glaubensbekenntnis aber sagt, was Gott für uns tut und gibt ... Durch diese Erkenntnis bekommen wir Lust und Liebe zu allen Geboten Gottes, weil wir hier sehen, wie Gott ganz und gar mit allem, was er hat und vermag, uns zu Hilfe kommt und uns dabei unterstützt, die Zehn Gebote zu halten: der Vater mit all seinen Geschöpfen, Christus mit seinem Werk, der Heilige Geist mit allen seinen Gaben.«[17]

Freude am Guten – sie erwächst aus der inspirierenden Erfahrung der Liebe Gottes.

4.4 »Bruder Martin kann mich gar nicht sehen« – Luther und die Juden: eine kritische Zwischenbetrachtung

Luther profiliert seine Darstellung im Großen Katechismus nun noch mit einer deutlichen Abgrenzung.[18] Und die hat es in sich. Sie betrifft die »Heiden, Türken, Juden oder falsche Christen und Heuchler«. Die haben zwar auch einen Gott und womöglich sogar den »wahrhaftigen Gott«, doch sie können »keine Liebe oder etwas Gutes von ihm erwarten«. Und das gilt nach seiner Überzeugung deshalb, weil sie nicht gewiss sein können, »wie er uns gegenüber gesinnt ist«, nämlich: als der in Jesus Christus gnädige Gott, der dem Sünder vergibt und in seine Gemeinschaft ruft.

Was an dieser Stelle von ihm kritisch-argumentativ vorgetragen wird, bezieht sich zwar nicht allein auf die Juden. Sie erscheinen hier nur als eine Gruppe unter mehreren, zu denen auch »falsche Christen« gehören. Sie alle, so behauptet Luther, können nicht gewiss sein, wie Gott ihnen gegenüber gesinnt ist. Doch steigert er sich gerade im Verhältnis zu den Juden immer mehr in jene polemische Raserei hinein, die man heute nur noch mit Erschrecken zur Kenntnis nehmen kann. Ihren traurigen Höhepunkt erreicht sie mit der Schrift »Von den Juden und ihren Lügen« (1543). In ihr finden sich Empfehlungen, die einen – eingedenk der weiteren geschichtlichen Entwicklung – innerlich erstarren lassen. Zum Beispiel: »Dass man ihre Synagogen und Schulen mit Feuer anstecke und, was nicht verbrennen will, mit Erde überhäufe und zuschütte, so dass kein Mensch einen Stein oder Schlacke sehe ewiglich.«[19] Wem Luther etwas bedeutet, der kann sich von solchen und ähnlichen Ratschlägen nur erschüttert abwenden. Allzu leicht konnten sie als Legitimation für schrecklichste Untaten herhalten. Dass er dabei nicht antisemitisch im rassistischen Sinn agitiert, ist nur ein geringer Trost. Seine Ausfälle sind theologisch motiviert. Das macht sie freilich um nichts besser. Sie laufen auf eine brutale Ausgrenzung und Entfernung des jüdischen Lebens aus der menschlichen Gemeinschaft hinaus, die allem widerspricht, was »Lust und Liebe zu den Geboten Gottes« bedeuten kann.

Dabei hatte alles ganz anders und erwartungsvoll begonnen. Zwanzig Jahre vorher verfasst Luther seinen Traktat »Dass Jesus Christus ein geborener Jude sei« (1523). Schon der Titel schlägt einen, für die damalige Zeit, neuen Ton an. Der Text wendet sich an Christen und schärft ihnen einen Umgang mit den jüdischen Zeitgenossen ein, der sie – im Gegensatz zur üblichen, diskriminierenden Praxis – sozial annimmt und integriert. »Denn sie haben die Juden behandelt, als wären es Hunde und nicht Menschen. Sie haben nichts anderes getan, als sie zu beschimpfen und ihnen ihr Gut wegzunehmen.«[20] In den jüdischen Gemeinden hat diese Schrift große Hoffnungen auf die Reformation geweckt; sie erschien ihnen als Wegbereiter eines auch für sie veränderten Status in der Gesellschaft. Gegenüber den Christen wiederum stellt Luther die Verwurzelung Jesu Christi in der jüdischen Tradition heraus: »Wenn wir uns auch hoch rühmen, so sind wir dennoch Heiden, die Juden aber haben das Blut Christi. Wir sind Schwäger und Fremdlinge. Sie sind Blutsfreunde, Vettern und Brüder unseres Herrn.« Damit verbindet sich seine Erwartung, dass die Juden in der Begegnung mit einem erneuerten Christentum dann auch Christus als ihren Messias erkennen würden. »Ich hoffe, wenn man mit den Juden freundlich umgeht und sie aus der Heiligen Schrift sorgfältig unterweist, würden viele rechte Christen aus ihnen werden. Und sie würden wieder zu dem Glauben der Väter, der Propheten und Patriarchen zurückfinden.«

Genau das aber traf nicht ein. Psychologisch mag man Luthers allmähliche Verhärtung als Symptom einer enttäuschten Liebe sehen, die sich sukzessive in ihr Gegenteil verkehrt. Aber was für eine Liebe ist das, die den anderen nicht in seinem Anderssein annehmen und ertragen kann? Luther erhofft sich, dass die Juden, indem sie Christus als ihren Messias erkennen, zum »Glauben der Väter zurückfinden«. Er denkt dabei an die prägenden Gestalten jüdischer Identität wie Abraham, Mose und David. In ihnen und ihrer Geschichte sieht er das Evangelium enthalten. Es verhält sich also keinesfalls so, dass Luther das Evangelium allein mit den Aussagen des Neuen Testaments verbindet. Diese einseitig verkürzte Sicht, die das Judentum in negativer Absicht ausschließlich als »Gesetzesreligion« qualifiziert, kann sich jedenfalls nicht auf den Reformator berufen. In der Verheißung an Abraham etwa (»Durch dein Geschlecht sollen alle Völker auf Erden gesegnet werden, weil du meiner Stimme gehorcht hast«, Gen 22,18) vernimmt er die lebendige Stimme das Evangeliums: »Dieser Spruch ist das Evangelium gewesen von Abraham bis David, auch bis zu Christus. Er ist wohl ein kurzer Spruch, aber ein reiches Evangelium.«

Problematisch (und aus heutiger Sicht auch exegetisch unhaltbar) ist jedoch, dass Luther diese und andere Verheißungen des Alten Testaments als direkte Vorhersagen des Messias Jesus plausibel zu machen versucht. Die Juden, so meint er, könnten und müssten dies einsehen, und zwar schon aus Gründen der *Vernunft*. Dass eben darin ein wesentliches Motiv für seine wachsende Verbitterung liegt, hat jüngst Reinhard Schwarz detailliert herausgearbeitet.[21] Luther versucht sich gegenüber den Juden an einem vernünftigen Schriftbeweis der Messianität Jesu, den diese aber partout nicht nachvollziehen wollen und wohl auch nicht können. Er selbst aber verkennt darin den Sinn der neutestamentlichen Bezüge auf die Verheißungen der Hebräischen Bibel. »Denn im Neuen Testament haben die Referenzen auf alttestamentliche Messiasverheißungen eindeutig Bekenntnischarakter. Sie wollen nicht einem vernünftigen Beweis dienen.«[22] Gravierender noch ist, dass Luther damit seiner eigenen fundamentalen Einsicht in das Zustandekommen des Glaubens untreu wird, wie er sie im Kleinen Katechismus so einprägsam beschrieben hat:

»Ich glaube, dass ich nicht aus eigener Vernunft noch Kraft an Jesus Christus, meinen Herrn glauben oder zu ihm kommen kann; sondern der Heilige Geist hat mich durch das Evangelium berufen, mit seinen Gaben erleuchtet, im rechten Glauben geheiligt und erhalten.«[23]

Im Blick auf seine Stellungnahmen gegenüber den Juden kann und muss man den Reformator mit seinen eigenen Aussagen konfrontieren; sie kritisieren ihn selbst. Begegnungen mit anderen religiösen Überzeugungen jedenfalls müssen dem Geist des Evangeliums gerecht werden. Und dabei verdient Luthers eingangs erwähntes Argument wiederum Beachtung: Zur Lebensbewegung des Glaubens *kann* es nur kommen, wenn dem Menschen die Güte Gottes glaubhaft und sein Lebensgefühl ergreifend *gewiss* wird. Dem christlichen Glauben zeigt sich das maßgeblich in der Person und dem Geschick Jesu Christi. Doch wäre von da aus zu fragen, ob nicht auch in anderen religiösen Zusammenhängen Erfahrungen gegeben sind, die dem entsprechen. Im jüdischen Kontext ist hier zum Beispiel an das befreiende Handeln Gottes zu denken, das in nichts anderem gründet als der Liebe Gottes zu seinem Volk. Die »Präambel« der Zehn Gebote (des Dekalogs) erinnert daran: »Ich bin der Herr, dein Gott, der ich dich aus Ägyptenland, aus der Knechtschaft geführt habe« (Ex 20,2). Auf diese befreiende Erfahrung beziehen sich die Weisungen der Zehn Gebote als »Anweisungen für das Land der Freiheit« (Fulbert Steffensky). Luther sieht zwar durchaus die Parallele, die im christlichen Kontext das Credo für den Dekalog darstellt. »Diesen Titel sollen wir führen, so wie die Juden ihren Titel führten, als sie aus Ägypten, dem Diensthaus, geführt wurden.«[24] Aber er macht seine Einsicht nicht fruchtbar für ein interreligiöses Gespräch, das diesen Namen wirklich verdient. Stattdessen dominiert mehr und mehr die Angst vor dem anderen, die ihn schließlich blind um sich schlagen lässt. Der Rabbiner und Gelehrte *Albert H. Friedlander* hat diesen Eindruck aus jüdischer Sicht in das bewegende Bild gebracht: »So sitzen wir uns gegenüber, [...] und Bruder Martin kann mich gar nicht sehen. Was er sieht, ist eine Zerrfigur, eine höllische Maske. Und das tut mir weh.«[25]

An dieser Stelle muss man über Luther hinausgehen. Man kann es zugleich mit ihm tun, wenn man sich an die von ihm so eindringlich beschriebene Liebe Gottes erinnert, die allen seinen Geschöpfen gilt.

4.5 »Alles zum Besten kehren« – die Kreativität der Liebe

»Durch diese Erkenntnis bekommen wir Lust und Liebe zu allen Geboten Gottes«, folgert Luther in seiner zusammenfassenden Beschreibung der Wirkung des Heiligen Geistes durch das Evangelium. Und das bedeutet: Im Glauben wird der Mensch grundsätzlich für den Sinn des von Gott Gebotenen geöffnet. Dieser Zusammenhang soll nun abschließend in diesem Kapitel dargestellt werden.

Dabei ist zunächst an den besonderen Stellenwert des Ersten Gebots innerhalb der Zehn Gebote zu erinnern. Es begründet für Luther nämlich die Einheit und den Zusammenhang aller Gebote:

»So siehst du, wie das erste Gebot das Haupt und die Quelle ist, das alle anderen durchzieht, und wie sich umgekehrt die anderen auf dieses zurückbeziehen und von ihm abhängen.«[26]

Die innere Verbindung, in der das Erste Gebot mit allen anderen steht, kann mit zwei Überlegungen verdeutlicht werden:

- Alle Gebote – also auch die, welche das Verhältnis zum Nächsten ansprechen und regeln – haben nur Gültigkeit, weil und insofern der Geber der Gebote, also Gott, anerkannt wird. Ihr Anspruch wäre für den Menschen sonst grundlos.
- Das Vertrauen auf Gott, welches im Ersten Gebot angesprochen wird, bezieht sich nicht auf diesen allein. Da es dem Schöpfer allen Lebens gilt, schließt es auch dessen Willen für das Leben »mit allen Kreaturen« ein. Das bedeutet, dass alle anderen Gebote im Ersten Gebot inhaltlich bereits enthalten sind; sie sind letztlich nichts anderes als dessen *Verdeutlichung* im Blick auf die menschliche Lebensführung.

Indem also der Mensch Gott vertraut, lässt er sich damit zugleich auf dessen guten Willen für die gesamte Schöpfung ein. Jenes vertrauende Sich-Einlassen überkommt den Menschen nicht einfach, an ihm ist er selber aktiv beteiligt. Und das ist nicht nur irgendein Akt, sondern für Luther das *Grund- und Hauptwerk* des Menschen. Es kommt in allen seinen Handlungen zum Ausdruck, verleiht ihnen eine bestimmte Ausrichtung.

Von daher ist die geläufige Sichtweise, wonach der Glaube ein *Geschenk* ist, jedenfalls differenziert zu betrachten. Richtig daran ist zweifellos, dass der christliche Glaube allein aus der Begegnung mit dem Evangelium entspringt, dessen innere Wirksamkeit sich dem Wirken des

Heiligen Geistes verdankt. Wir verfügen nicht über das *Zustandekommen* des Glaubens; niemand kann ihn sich selbst abnötigen oder bei einem anderen erzwingen. Insoweit der Ausdruck »Geschenk« diesen Sachverhalt beschreibt, unterstreicht er einen zentralen Aspekt. Das bedeutet jedoch nicht, dass der Mensch im Glauben nur passiv ist. Im Gegenteil: Er ist in ihm mit seinem Herzen, also aus dem Zentrum seiner Existenz heraus, in intensiver Weise beteiligt. Deshalb kann der Glaube zugleich als Grundwerk des Menschen verstanden werden. Gottes Wirken ersetzt diese menschliche Tat nicht; es begründet und ermöglicht sie vielmehr. Und zwar eben als jenes Vertrauen in den Schöpfer, welches das Erste Gebot anspricht. Die Konsequenzen dieser Einsicht hebt Luther immer wieder hervor, zum Beispiel in seiner reformatorischen Programmschrift »Von den guten Werken« (1520):

»Das erste und höchste, alleredelste gute Werk ist der Glaube. ... Denn in diesem Werk müssen alle Werke ergehen und das Einströmen ihres Gutseins wie ein Lehen von ihm empfangen.«[27]

Der Glaube ist für Luther der entscheidende Ansatzpunkt der Ethik. Das dem Menschen eröffnete Vertrauen wirkt sich nämlich grundsätzlich auf seine aktive Lebensgestaltung aus. Was mich im Herzen bewegt, gewinnt Form und Ausdruck in meinem Handeln. Im Glauben ist es durch die Güte Gottes motiviert, die im Verhältnis zum Nächsten ihrerseits zum Zuge gebracht werden will. Es besteht somit ein innerer Zusammenhang zwischen Glaube und Liebe. Das Vertrauen in Gott setzt die *Kreativität der Liebe* frei, die für den anderen Gutes sucht.

In dieser Perspektive, in der sich für Luther ganz generell die »Freiheit eines Christenmenschen« zeigt (s. Kap.

7.2.2), deutet er eine menschliche Lebensbewegung, die sich im Horizont der Gebote vollzieht. Dabei beschränkt er sich nicht auf den begrenzenden, negativen Aspekt einzelner Weisungen; er sucht vor allem nach ihrem positiven, etwas eröffnenden Sinn. Das ist für ihn ihr tiefer gehender, wahrer Inhalt. Die Gebote Gottes eröffnen so einen *Raum der Kreativität* aus Liebe heraus.

Als Beispiel mag Luthers Auslegung zum Fünften Gebot im Kleinen Katechismus dienen:

»Du sollst nicht töten.
Was ist das?
Wir sollen Gott fürchten und lieben,
dass wir unserm Nächsten an seinem Leibe keinen Schaden noch Leid tun,
sondern ihm helfen und beistehen in allen Nöten.«[28]

Mit dem einleitenden Satz wird die Deutung des Ersten Gebots (»Wir sollen Gott über alle Dinge fürchten, lieben und vertrauen«) in die Auslegung aller weiteren Gebote eingezeichnet; sie sind in ihm verankert. Damit wird deutlich: Sämtliche Weisungen können in ihrer wahren Intention nur aus jenem Vertrauen gelebt werden, das dem Geber allen Lebens entgegengebracht wird. Gott zu »fürchten« meint dabei nicht, sich vor ihm zu ängstigen. Angst engt ein, schnürt zu; aus ihr kann niemals »Lust und Liebe« entstehen. Das Fürchten, von dem hier die Rede ist, zielt vielmehr auf jene Achtung des Gegenübers, durch die es ernst genommen und anerkannt wird. Insofern gehört es wesentlich zum »lieben und vertrauen« dazu. Die spezifische Bedeutung und der besondere Gehalt des einzelnen Gebots, hier des fünften, wird nun jeweils in zwei Richtungen erschlossen. Einerseits wird daran erinnert, was das Gebot ausschließt (»dass wir unserm Nächsten an seinem

Leibe keinen Schaden noch Leid tun«). Andererseits aber wird unterstrichen, zu welcher Aktivität es uns ermuntert bzw. herausfordert (»sondern ihm helfen und beistehen in allen Nöten«). In dieser positiven Dimension besteht für Luther die eigentliche Zielrichtung der Gebote. Sie werden nicht schon durch Unterlassen bestimmter Handlungen erfüllt. Gelebt werden sie erst mit einer Praxis, die verändernd in die Lebensverhältnisse hineinwirkt, und zwar zugunsten des Nächsten. In dieser Hinsicht schließt die Auslegung zum Achten Gebot, das sich auf das »falsche Zeugnis« bezieht, mit der ebenso schlichten wie schönen Wendung: »und alles zum Besten kehren«. Im Grunde ist das die Summe aller Weisungen, die sich auf den Mitmenschen beziehen.

Eine Lebenspraxis, die sich daran orientiert, ist in sich kreativ. Sie begnügt sich eben nicht mit dem Belassen der Verhältnisse, sondern sucht beständig und phantasievoll nach Verbesserung des Bestehenden; sie schafft und gestaltet also Wirklichkeit. Die Gebote beschreiben den Raum, in dem der Glaube erfinderisch wird für das Gute. Glaubend ist der Mensch (so könnte man im Sinne Luthers formulieren) *in das Gute verliebt*[29]. Er ist von ihm angezogen, will es deshalb seinerseits handelnd zur Geltung bringen. Das geschieht immer in persönlicher Weise, also mit den Möglichkeiten und Grenzen, die jeder Person gegeben und gesetzt sind. Das allgemeine Gebot wird individuell gelebt. Insofern sich aber darin die Persönlichkeit in ihrer Ganzheit – also in der Fülle ihres Daseins – ausdrückt, wird es mit Lust und Liebe gelebt. Wer liebt, wird kreativ.

Die Beschreibung des Zusammenhanges von Glaube und Liebe, der in Luthers Verständnis des Gebotenen zutage tritt, ist nicht allein theologisch von zentraler Bedeutung. Es zeigt sich darin auch ein anthropologisch grundlegender Sachverhalt, den Konrad Stock konzentriert zusammenfasst: »Wir können nur wollen, was wir lieben; und wir können nur lieben, was uns in unserem Selbstgefühl ergriffen und bestimmt hat.«[30] Was das menschliche Lebensgefühl tatsächlich ergreift und bestimmt, ist deshalb die entscheidende Frage. Sie steht auch im Hintergrund jener entscheidenden reformatorischen Entdeckung, die für Luther zur Wende seines Lebens geworden ist und die dann alles Weitere überhaupt erst in Gang gebracht hat. Ihr wenden wir uns im Folgenden zu.

»GERADEZU VON NEUEM GEBOREN« – DIE ERFAHRUNG DER RECHTFERTIGUNG

5

Da begann ich, die Gerechtigkeit Gottes zu verstehen als die, durch die als durch Gottes Geschenk der Gerechte lebt, nämlich aus Glauben, [...] wie geschrieben ist: »Der Gerechte lebt aus Glauben.« Da hatte ich das Empfinden, ich sei geradezu von Neuem geboren und durch geöffnete Tore in das Paradies selbst eingetreten.

Erkennen kann mit tiefen Empfindungen einhergehen. Das gilt zumindest dann, wenn mit ihm eine Einsicht verbunden ist, die das eigene Leben in ein vollkommen neues Licht stellt. Darum geht es in diesen Worten. Mit ihnen umreißt Martin Luther den Kern seiner reformatorischen Entdeckung. Und die vollzog sich eben nicht allein als ein kognitiver Vorgang. Vielmehr zeigt sich hier, wie eine bestimmte Erkenntnis das Lebensgefühl des Menschen im Ganzen betreffen und verändern kann. Letztlich geht es um nicht mehr als zwei Wörter: »Gerechtigkeit Gottes«. Aber daran, wie sie zu verstehen sind, hängt alles. Sie können einen in die Verzweiflung treiben, oder sie können die Tür zum Leben öffnen. Luther hat beides erlebt. Und wahrscheinlich ist hier das Eine auch nicht ohne das Andere zu haben. Denn die tiefgehende Entlastung, die Luther schließlich empfunden hat, erklärt sich erst vor dem Hintergrund einer ungeheuren Belastung, die ihn in eine existenzielle Krise stürzte. Nur deshalb konnte er – als er »begann zu verstehen« – sich »geradezu von Neuem geboren« fühlen.

Die Metapher ist so ausdrucksstark, dass sie Eingang in den allgemeinen Sprachgebrauch gefunden hat. »Ich fühle mich wie von Neuem geboren«, sagen wir in bestimmten Situationen. Zum Beispiel nach einer belebenden Dusche, die den Schmutz oder Geruch eines anstrengenden Tages vom Körper gespült hat. Das reinigende Wasser auf der Haut zeitigt zugleich eine innere Wirkung. Es verleiht insgesamt das Gefühl von Frische und neu gewonnener Lebendigkeit. Nach solchen Momenten sehnt sich vermutlich jeder Mensch, auch in einem weitergehenden Sinn. Denn kein Leben ist frei von Belastungen, Verwerfungen und Widersprüchen. In sie verstrickt sich der Mensch immer wieder. Und je mehr er sich darin verstrickt, desto stärker wird der Wunsch, neu anfangen zu können. Das kann heißen: den Druck loswerden, der mich unbarmherzig vor sich her treibt; den Ballast abwerfen, den ich als überflüssig durchschaut habe; von der diffusen oder konkreten Angst befreit werden, die mich einengt und lähmt. Alles das sind Vorgänge, in denen ein Mensch aufatmen und neu anfangen kann. Sie schwingen auch in Luthers Worten mit.

Seine befreiende Erfahrung gewinnt er dabei aus der alles umfassenden Erkenntnis, von Gott gerechtfertigt zu sein – und zwar ohne eigenes Zutun, allein im Glauben. Was das in ihm auslöst, bringt er mit einem weiteren Bild zum Ausdruck: Die Tore zum Paradies stehen offen. Auch das ist eine Metapher. Das »Paradies« steht für die Situation ursprünglicher Unschuld und Unbefangenheit; sie geht jedem Menschen im Laufe seines Lebens unweigerlich und unwiederbringlich verloren. Doch kann er darin die Erfahrung machen, dass ihm die Tore zum Leben wieder geöffnet werden. Und das fühlt sich an, als wäre man »geradezu von Neuem geboren«.

Um nicht weniger geht es bei jener Lehre, die summarisch als *Rechtfertigungslehre* bezeichnet wird. Was sie beschreibt und besagt, hat Luther durchlebt. Und was er darin erkannt hat, ist ihm zur Mitte seiner Existenz wie überhaupt des theologischen Denkens geworden. Es kennzeichnet und trägt das Lebensgefühl des Glaubens.

5.1 »Wie bekomme ich einen gnädigen Gott?« – die Suche nach Anerkennung

Im Zentrum der Botschaft von der Rechtfertigung steht eine ebenso befreiende wie herausfordernde Behauptung: Jeder Mensch – also auch der, der nichts leisten oder vorweisen kann – ist von Gott bedingungslos geliebt und angenommen. Befreiend ist diese Botschaft, weil sie ungemein entlastend wirken kann. Herausfordernd, ja irritierend ist sie, weil sie dem zu widersprechen scheint, was das menschliche Leben fundamental antreibt: Ich will etwas aus mir *machen*.

Dieser Wunsch oder Drang, etwas aus sich zu machen, kann eine starke produktive Kraft entfalten. Sie ermöglicht es dem Menschen, sein Leben aktiv und zielgerichtet zu gestalten. Daran ist, für sich genommen, nichts Problematisches. Im Gegenteil: Es zeichnet den Menschen aus, dass er sein Leben selbst in die Hand nehmen und voranbringen kann. Ein Problem entsteht aber dann, wenn ich mir selbst und anderen durch mein Handeln die Bedeutung meines Daseins ständig *beweisen* muss. Daraus erwächst ein permanenter Druck, der mich auf Dauer überfordert. Mein Tun wird so nämlich an jeder Stelle zur Bewährungsprobe; in ihr steht meine Existenz im Ganzen auf dem Spiel. Scheitert mein Handeln, dann scheitere ich selbst. Dieses Gefühl wiederum treibt den Menschen immer mehr an, lässt ihn seine Anstrengungen steigern mit dem Ziel, immer perfekter und unangreifbarer zu werden. Das jedoch mindert nicht die Angst vor einem Gesichtsverlust, es verstärkt sie vielmehr und forciert dadurch den Einsatz weiter. Am Ende kommt es zu Erschöpfung, Verkrampfung, Lähmung. »Burnout« wird dieser Zustand oft bezeichnet.

Man muss sich eine solche unheilvolle Dynamik vor Augen führen, um ermessen zu können, was dem jungen Luther zusetzte. »Ich will der Hölle entlaufen mit meiner Möncherei.«[1] So urteilte er einmal über sein Leben im Kloster. Die »Hölle«, das war ihm genau jener verzweifelte Versuch, sein eigenes Dasein vor Gott zu legitimieren, sich Gottes Gnade würdig zu erweisen. Die persönliche Situation, die dahinter stand, sei kurz in Erinnerung gerufen.

Durch ein plötzlich auftretendes Unwetter mit dem Tod konfrontiert, sah sich Martin Luther mit tiefstem Ernst vor die Frage gestellt, ob und wie er vor Gott im Gericht bestehen kann. Das geschenkte Leben begriff er als Chance: Er wollte sich für den unentrinnbar auf ihn zukommenden Tag des Gerichts rüsten. Und so traf der junge Student der Jurisprudenz – in massiven Auseinandersetzungen mit seinem Vater – eine radikale Entscheidung: Er trat ins Kloster der Augustiner-Eremiten zu Erfurt ein. Die strengste klösterliche Zucht erschien ihm gerade genug, um ein Leben zu führen, mit dem er von Gott Anerkennung erwarten kann. Doch der eingeschlagene Weg erwies sich als zutiefst ambivalent. Denn nicht die Strenge des klösterlichen Lebens bereitete Luther Probleme, auch nicht die allzu menschliche Erfahrung, mit eigenen Schwächen kämpfen zu müssen. Es waren paradoxerweise gerade die *Fortschritte*, die Luther mehr und mehr in die Verzweiflung trieben. »Je heiliger sein Wandel nach außen hin war, umso mehr verzagte er an sich selbst. Statt den Frieden des Herzens zu finden, quälte ihn zunehmend die Ungewissheit des Heils.«[2] Das machte sich für Luther an Vorgängen fest, die anderen als Winzigkeiten erschienen. Sein Beichtvater Staupitz zog ihn damit einmal in einem Brief ironisch auf: Christus sei an solchen Lappalien nicht interessiert, er möge doch einmal wenigstens etwas Richtiges beichten, einen Mord etwa – vielleicht den Mord an seinem Vater. »Aber nichts konnte Martin tiefer zur Verzweiflung bringen als die Weigerung seiner Oberen, ihn ernstzunehmen: In solchen Momenten wurde er ›eine tote Leich‹, wie er sagte.«[3] Denn Luther wollte die *Gewissheit* haben, von Gott angenommen zu sein. Doch je ehrlicher er sich selbst prüfte, desto stärker wurde die Überzeugung, vom Heil ausgeschlossen zu sein. Auf einen »gnädigen Gott« konnte er damit nicht hoffen.

Soweit die historische Erinnerung. Welche Züge dieser Geschichte verdienen heute noch Aufmerksamkeit? An welcher Stelle also kommt etwas zur Sprache, was für den Menschen grundsätzlich bedeutsam ist? Offenkundig ist ja, dass die Szenerie in Motive gekleidet ist, die das damalige Lebensgefühl kennzeichneten. Das gilt etwa für die mittelalterliche Todes- und Höllenfurcht. In zahllosen Darstellungen und Beschreibungen fand sie Ausdruck, ergriff sie vom Gemüt des Einzelnen Besitz. Die Sterbestunde galt als der Augenblick, in dem sich ein menschliches Leben letztlich zu bewähren hat. Wie man darin bestehen kann, um diese Sorge kreiste im Grunde das ganze Leben. Denn daran, *wie* ein Mensch starb, zeigte sich, *was* für ein Mensch er war.

Diese Auffassung erklärt auch, weshalb von Luther eine Totenmaske erstellt wurde. In der mittelalterlichen Vorstellung galt das von Angst verzerrte Gesicht eines Sterbenden als unübersehbarer Hinweis darauf, dass er von Gott verworfen sein müsse: Der Sterbende blicke angesichts des Todes gleichsam schon in die Hölle. In der antireformatorischen Polemik wurde Luther genau ein solches angstvolles Sterben vorhergesagt. Um das Gegenteil zu beweisen, ließen Luthers Begleiter die Totenmaske anfertigen. Die entspannten Gesichtszüge des Toten sollten klarmachen: Hier starb einer in Frieden mit Gott. Und das wiederum sollte grundsätzlich zeigen: Mit der Überzeugung der Reformatoren lässt sich in Frieden leben und dann auch getrost sterben.

Dem modernen Lebensgefühl ist ein solcher Zusammenhang fremd geworden. Und zwar schon deshalb, weil der Tod als Moment letzter Bewährung heute nur selten öffentlich thematisiert wird. Der Tod ist zwar in den Medien ständig präsent, vor allem dann, wenn er die Folge von Gewalt und Krieg ist. Doch damit verbindet sich nicht unbedingt ein Nachdenken über die eigene Endlichkeit. Es wird eher in die Grenzbereiche des Lebens abgeschoben. Und das gilt erst recht für die mittelalterliche Todes- und Höllenfurcht. Ihre bedrohliche Dimension steht hinter Luthers bekannter Frage: *Wie bekomme ich einen gnädigen Gott?* Es gibt viele Fragen, die heute öffentlich verhandelt und medial verstärkt werden; *diese* gehört wohl kaum dazu. Und das hat generell damit zu tun, dass die Auseinandersetzung mit Gott in die Privatsphäre des Einzelnen abgewandert ist. Als allgemeines Lebensthema ist die Frage nach dem gnädigen Gott aus dem Zeitgeist ausgewandert. Sie gehört, so scheint es, zum Inventar des 16. Jahrhunderts, hat in unserer Zeit aber ihren Sinnbezug verloren.

Doch das verhält sich nur oberflächlich betrachtet so. Mögen die Worte auch andere sein – das, worauf Luthers Frage im Kern abzielt, bleibt für den Menschen ein zentrales Thema. Es regt sich zum Beispiel als Sehnsucht nach *Anerkennung*. Nach ihr fragt und strebt jeder Mensch, schon im Blick auf seine Taten. Wird ihnen die gebührende Anerkennung zuteil, löst das Freude aus. Und wenn etwas mit engagiertem Einsatz glücklich zustande gebracht wurde, ist Zufriedenheit auch wirklich angebracht. Bleibt die Anerkennung jedoch aus, verhallt unser Handeln ganz eigentümlich; es bleibt ohne Resonanz. Auf die Dauer kann und muss das verunsichern. Wobei Anerkennung in diesem Zusammenhang nicht nur Lob oder Beifall meint. Sie kann gerade auch in einer konstruktiven Kritik bestehen; mit ihr wird ja signalisiert, wie ernsthaft sich jemand mit meiner Sache auseinandergesetzt hat. Anerkannt werden bedeutet deshalb ganz fundamental: *wahrgenommen werden*.

Und das bezieht sich nun nicht nur auf menschliche Taten. Es geht vor allem um mich selbst, um meine Person. Hinter der Sehnsucht nach Anerkennung verbirgt sich der tiefe Wunsch, als Mensch wahr- und angenommen zu werden. Luthers Schrei nach dem gnädigen Gott ist im Grunde die verzweifelte Frage danach, von woher das eigene Leben eine grundsätzliche Annahme erfährt. Doch woran entscheidet sich das? An mir selbst und dem, was ich zu leisten imstande bin? Luthers radikaler Versuch, sich durch eigene Werke vor Gott zu rechtfertigen, erweist sich, so gesehen, als durchaus modern. Ob dabei das Wort »Gott« verwendet wird, ist nicht entscheidend. Viele Menschen leben heute ihr Leben »ohne Gott«; und es hat nicht den Anschein, als ob sie dabei etwas vermissen. Doch eine Orientierung für sein Dasein sucht jeder und jede. Und damit rücken andere Instanzen an Gottes Stelle, vor denen sich ein Mensch rechtfertigen muss. Die Frage ist auch hier, wie gnädig diese mit jemandem umgehen.

Es spricht einiges dafür, dass das Leitbild des *gelingenden Lebens* gegenwärtig weithin einen entscheidenden Stellenwert einnimmt. Es ist wunderbar, wenn etwas gelingt! Den Stolz und auch das Glück, die sich damit einstellen, soll niemand klein reden. Doch was geschieht, wenn das Gelingen zum Vorzeichen für das Leben im Ganzen erhoben wird? Muss damit nicht alles, was bruchstückhaft und fragmentarisch bleibt, als ungenügend erscheinen? Möglicherweise aber machen wir gerade in dem, was sich als unvollendet darstellt, die wertvollsten Erfahrungen. Das anspruchsvollste Werk, das *Johann Sebastian Bach* geschrieben hat, ist die »Kunst der Fuge«. Sie bildet die Summe seines kompositorischen Schaffens. Doch gerade dieses Werk ist unvollendet geblieben, auf dem Höhepunkt bricht es unvermittelt ab. Ist es deshalb weniger bedeutungsvoll? Es kann durchaus zu einer »Tyrannei des gelingenden Lebens«[4] (Gunda Schneider-Flume) kommen. Wer sich ihr unterwirft, dem wird jedes Misslingen zum Ausdruck des eigenen Versagens. Er verliert das Gespür dafür, wie kostbar das Leben auch in seinen zerbrechlichen, unvollendeten Momenten ist.

In seinen Bezügen hat Luther ein solches Versagen durchlitten. Eben deshalb ist sein Scheitern an dieser Stelle lehrreich. Es kann den Blick dafür öffnen, was dem menschlichen Leben, wie auch immer es sich darstellt, in Wahrheit Anerkennung verschafft. Und es schärft die Wahrnehmung für jene »Tyrannen«, die den Menschen unbarmherzig antreiben und ihm die Welt eng machen.

5.2 »Da erscheint Gott furchtbar in seinem Zorn« – die Enge der Anfechtung

Um die Erfahrung seiner Angst zu charakterisieren, greift Luther wiederholt auf einen Begriff zurück: *Anfechtung*. Ein altes Wort, das aber anschaulich genug ist, um sich auch heute die damit gemeinte Sache vorstellen zu können. Anfechtung heißt: Es wird gekämpft, gestritten, gefochten – und das oft an mehreren Fronten gleichzeitig. In der Anfechtung fühlt sich der Mensch überfallen, er wehrt sich nach Kräften und steht doch auf verlorenem Posten. So hat es Luther jedenfalls erlebt. Eine Selbstbeschreibung von ihm kann eine Ahnung davon vermitteln. In Anspielung auf einen Satz von Paulus (»Ich kenne einen Menschen in Christus …«, 2. Kor 12,2) bezieht sich Luther in der Außenperspektive auf eine solche eigene Erfahrung der Anfechtung. Sie kann nur abgründig genannt werden:

»Ich kenne einen Menschen, der, wie er versichert hat, solche Strafen öfter erlitten hat, zwar während nur ganz kurzer Zeitdauer, aber so ungeheuere und höllische, wie keine Zunge zu sagen, keine Feder zu schreiben und niemand zu glauben vermag, der es nicht selber erfahren hat; so dass, wenn diese Qualen bis zu Ende durchlitten würden, oder auch nur eine halbe Stunde, ja nur den zehnten Teil einer Stunde dauerten, er völlig zugrunde ginge und alle seine Gebeine zu Asche würden. Da erscheint Gott furchtbar in seinem Zorn und samt ihm gleicher Weise die ganze Kreatur. Da gibt's keine Flucht, keinen Trost, weder innerlich noch äußerlich, sondern alles klagt an ... In solchen Augenblicken – sonderbar zu sagen – vermag die Seele nicht zu glauben, sie könne je erlöst werden, sie fühlt bloß, dass die Strafe noch nicht aus ist ... Es bleibt nur nacktes Verlangen nach Hilfe und grauenhaftes Seufzen, aber sie weiß nicht, woher Hilfe erflehen. Da ist die Seele ausgespannt mit [dem gekreuzigten] Christus, so dass man all ihre Gebeine zählen kann, und es ist kein einziger Winkel in ihr, der nicht voll wäre von bitterster Bitterkeit, von Schrecken, Angst und Traurigkeit, doch so, als ob das alles ausschließlich ewig wäre ... Wenn die Seele in ihrem augenblicklichen Sein berührt wird von der darüber hingehenden ewigen Flut, fühlt sie und trinkt sie nur ewige Strafe. Aber es bleibt nicht, denn es geht wieder vorüber.«[5]

Man kann dieser Schilderung nicht völlig distanziert gegenübertreten. In unterschiedlicher Intensität und Zeitdauer dürften solche Gefühle der Hoffnungslosigkeit zu jedem Leben gehören, auch wenn sie andere Hintergründe haben und anders ausgedrückt werden. Das Zitat beschreibt ein individuelles Erlebnis Luthers, dessen religiöse Bezüge heute weithin kaum mehr nachvollziehbar sind. Man kann zudem mit Recht fragen, inwiefern hinter solchen und ähnlichen Aussagen von ihm krankhaft-übersteigerte

Züge erkennbar werden. Es ist ja wiederum auffällig, wie seine Schilderung in manchen Aspekten mit dem korrespondiert, was heutzutage als Depression bezeichnet und beschrieben wird: eine Traurigkeit, die so wirkt, als könne sie kein Ende haben – »... als ob das alles ausschließlich ewig wäre«. Selbst der Glaube spendet in solchen Momenten keinen Trost, denn auch er entgleitet dem Menschen in das ihn umgebende Nichts. Im Grunde bleibt nur eine Hoffnung: »Es bleibt nicht, denn es geht wieder vorüber.«

Gleichwohl lohnt sich ein genauerer Blick auf Luthers Selbstbeschreibung, da mit ihr das Gefühl einer tiefgreifenden Verunsicherung erfasst wird, die man als Lebensangst bezeichnen kann. Wenn sie einen packt, zeigt sich die Welt so, wie hier dargestellt: wie ein Ring, der sich bedrohlich verengend zusammenzieht. Angst kommt von »angustus« (lat.), eng; sie nimmt die Luft, raubt den Atem. In der Anfechtung verengt sich dem Menschen die Welt. Wodurch und durch wen?

Als Erstes nennt Luther »Gott«, genauer: seinen »*Zorn*«. In ihm erscheint er als strafender Gott. Der Mensch mag für Gott ein Gefühl haben oder auch nicht, er mag andere Instanzen an dessen Stelle rücken – in jedem Falle bleibt er mit dem Anspruch, ihnen gerecht zu werden, konfrontiert. Ist zum Beispiel der Erfolg der alleinige oder höchste Maßstab, an dem sich ein Leben ausrichtet, dann wird jeder Misserfolg zur tiefgreifenden Krise. Es scheitern dann nicht nur einzelne Taten oder Vorhaben, sondern es scheitert die *Person*. Und der Mensch fühlt sich im Ganzen als Versager. Er fühlt sich der »Strafe« jener Instanz ausgesetzt, die ihm Maßgabe seines Lebens ist.

Ist dieses Gefühl, infrage gestellt zu sein, erst einmal geweckt, dann weitet es sich aus: Es greift auf andere Lebensbereiche über und durchdringt sie. Luther schreibt: »Da erscheint Gott furchtbar in seinem Zorn und samt ihm gleicher Weise *die ganze Kreatur.*« Die ganze Welt zeigt ein bedrohliches, abweisendes Gesicht, wenn der Mensch sich eingeschüchtert fühlt. In einem anderen Zusammenhang veranschaulicht das Luther am Beispiel rauschender Blätter. Ein natürlicher, harmloser Vorgang. Wie wir ihn wahrnehmen, hängt von der Stimmung ab. Er kann erfreuen, er kann aber auch erschrecken, zumindest dann, wenn der Mensch selber schon verunsichert ist. »Solches Blattrauschen kann uns die Welt zu eng machen und unser zorniger Gott werden«[6], sagt Luther und zeigt damit, wie feinfühlig er menschliche Angstzustände nachempfindet. In ihnen kann alles, selbst das Geringste, zur Bedrohung werden.

Doch was noch dazu kommt: Diese Situation ist vom Menschen selbst hervorgerufen. Sie resultiert aus seinem Versagen, ist die Konsequenz seiner Schwäche, seiner Schuld. Damit wird der Mensch sich selbst zum Gegner. Es ist die Erfahrung des *Gewissens*, in der er dies erlebt. Mit der Stimme des Gewissens wandert die Anklage in den Menschen hinein: Sie wird zur *inneren Anklage*. Und damit schließt sich der Ring vollkommen. Der angefochtene Mensch kämpft nun gleichzeitig gegen Gott, gegen die Kreatur, gegen sich selbst. Jona, der im Bauch des Wals verschlungen ist, ist für Luther ein präzises Bild jener Situation: »Da muss er gegen seine Sünde, gegen sein Gewissen und Fühlen seines Herzens, gegen den Tod und gegen Gottes Zorn zugleich auf einmal fechten.«[7]

In der Anfechtung steht der Mensch auf verlorenem Posten. Sie durchzieht alle Beziehungen, in denen er lebt. Die Welt wird ihm zu eng. Sie kann wieder weit werden, wenn das Gefühl der Angst weicht, weil sich ein anderes durchsetzt: vorbehaltlos angenommen zu sein. Dieses Gefühl eröffnet sich für Luther in der Erfahrung der Rechtfertigung – allein im Glauben.

5.3 »Das Tor zum Paradies« – die Entdeckung der Rechtfertigung

Es war ein krisenhafter Weg, auf dem Luther seine entscheidende Einsicht gewonnen hat. Krise bedeutet immer beides: Verunsicherung und Chance. Das wird auch an jenem »Selbstzeugnis« (1545) deutlich, in dem Luther im Rückblick auf sein Leben die entscheidende Wende herausstellt. Der Zeitpunkt, auf den die Schilderung abhebt, bleibt letztlich offen. Er ist auch zweitrangig. Bei der reformatorischen Erkenntnis ist nämlich nicht von einem isolierten Einfall auszugehen. Die Entdeckung hatte sich lange angebahnt, war in Luther herangereift, bis sie ihm plötzlich klar vor Augen stand. Entscheidend ist die Erkenntnis, die in diesem Selbstzeugnis zur Sprache kommt. Sie eröffnete Luther eine neue Perspektive auf das Leben; mit ihr wurde er zum Reformator.

»Ein ganz ungewöhnlich brennendes Verlangen hatte mich gepackt, Paulus im Römerbrief zu verstehen; aber nicht Kaltherzigkeit hatte mir bis dahin im Wege gestanden, sondern ein einziges Wort, das in Kap. 1 steht: ›Gottes Gerechtigkeit wird darin offenbart‹ (Röm 1,17). Denn ich hasste diese Vokabel ›Gottes Gerechtigkeit‹, die ich durch die übliche Verwendung bei allen Lehrern gelehrt war, philosophisch zu verstehen von der sogenannten formalen oder aktiven Gerechtigkeit, mittels derer Gott gerecht ist und die Sünder und Ungerechten straft. Ich aber, der ich, so untadelig ich auch als Mönch lebte, vor Gott mich als Sünder von unruhigstem Gewissen fühlte und mich nicht darauf verlassen konnte, dass ich durch meine Genugtuung versöhnt sei, liebte nicht, nein, [ich] hasste den gerechten und die Sünder strafenden Gott und war im Stillen, wenn nicht mit Lästerung, so doch allerdings mit ungeheurem Murren empört über Gott: Als ob es wahrhaftig damit nicht genug sei, dass die elenden … Sünder mit lauter Unheil zu

Boden geworfen sind durch das Gesetz der zehn Gebote, vielmehr Gott durch das Evangelium zum Schmerz noch Schmerz hinzufüge und auch durch das Evangelium uns mit seiner Gerechtigkeit und seinem Zorn bedrohe. So raste ich wilden und wirren Gewissens; dennoch klopfte ich beharrlich an eben dieser Stelle bei Paulus an mit glühend heißem Durst, zu erfahren, was St. Paulus wolle. Bis ich, dank Gottes Erbarmen, unablässig Tag und Nacht darüber nachdenkend, auf den Zusammenhang der Worte aufmerksam wurde, nämlich: ›Gottes Gerechtigkeit wird darin offenbart, wie geschrieben steht: Der Gerechte lebt aus Glauben‹. Da begann ich, die Gerechtigkeit Gottes zu verstehen als die, durch die als durch Gottes Geschenk der Gerechte lebt, nämlich aus Glauben, und dass dies der Sinn sei: Durch das Evangelium werde Gottes Gerechtigkeit offenbart, nämlich die passive [Gerechtigkeit], durch die uns der barmherzige Gott gerecht macht durch den Glauben, wie geschrieben ist: ›Der Gerechte lebt aus Glauben‹. Da hatte ich das Empfinden, ich sei geradezu von Neuem geboren und durch geöffnete Tore in das Paradies selbst eingetreten. Da zeigte mir sofort die ganze Schrift ein anderes Gesicht. Ich durchlief dann die Schrift nach dem Gedächtnis und sammelte entsprechende Vorkommen auch bei anderen Vokabeln: z.B. Werk Gottes, das heißt: was Gott in uns wirkt; Kraft Gottes, durch die er uns kräftig macht; Weisheit Gottes, durch die er uns weise macht; Stärke Gottes, Heil Gottes, Herrlichkeit Gottes. Wie sehr ich vorher die Vokabel ›Gerechtigkeit Gottes‹ gehasst hatte, so pries ich sie nun mit entsprechend großer Liebe als das mir süßeste Wort. So ist mir diese Paulus-Stelle wahrhaftig das Tor zum Paradies gewesen …«[8]

Man braucht diesen langen Text in allen seinen komplizierten Einzelheiten noch gar nicht erfasst haben und wird dennoch die Erleichterung empfinden, die sich in diesen Worten Bahn bricht. Dass der Glaube niemals nur eine Verstandes-, sondern vor allem eine Herzensangelegenheit ist, zeigt sich hier in beeindruckender Gestalt. Nicht Gleichgültigkeit, sondern packende Leidenschaft ist am Werk. Die Gefühlsskala ist denkbar weit gespannt: Sie reicht von Unruhe, Schmerz, Empörung und Hass gegen Gott bis zur Liebe und dem Gefühl, »geradezu von Neuem geboren« zu sein. Am Ende steht das Tor zum Paradies (wieder) offen.

Es geht um den Ausdruck »Gerechtigkeit Gottes« bzw. darum, wie er richtig zu verstehen ist. Daran hängt alles. Denn je nachdem, wie die Worte interpretiert werden, wird auch die Beziehung des Menschen zu Gott gedeutet. Und dabei geht es letztlich um zwei Alternativen. Sie benennt Luther mit der Unterscheidung von »aktiver« und »passiver« Gerechtigkeit.

Unter dem Blickwinkel der *aktiven Gerechtigkeit* bedeutet die »Gerechtigkeit Gottes« dessen *Forderung* an den Menschen, ein gerechtes Leben zu führen. Konkret heißt das: im Einklang mit den Zehn Geboten zu leben und zu handeln. Problematisch daran sind nicht die Zehn Gebote selbst. Diese bleiben die Richtschnur für eine Lebensführung, die dem Willen Gottes entspricht; sie behalten auch und gerade für den Glaubenden ihre Bedeutung. Das Problem entsteht mit der Frage, was geschieht, wenn der Mensch die Gebote *nicht* hält bzw. sie aus eigener Kraft gar nicht halten *kann* (s. Kap. 4.3). Dann werden die Gebote zum Maßstab des menschlichen Versagens. Und Gott erscheint in seiner Gerechtigkeit als der, der den Sünder und Ungerechten straft. Was das wiederum im Menschen auslöst, illustriert Luther durch den Hinweis auf seine eigene Erfahrung: »Ich aber, der ich mich, so untadelig ich auch als Mönch lebte, vor Gott als Sünder von unruhigstem Gewissen fühlte und mich nicht darauf verlassen konnte, dass ich durch meine Genugtuung versöhnt sei, liebte nicht, nein, [ich] hasste den gerechten und die Sünder strafenden Gott.«

Die Aussage macht dreierlei deutlich: *Zum einen* kann ein Mensch, von außen betrachtet, ein »anständiges« Leben führen und sich dennoch schuldig fühlen. Und zwar deshalb, weil nur er selbst die inneren Motive seines Handelns kennt, die auch dann unlauter sein können, wenn es andere nicht wahrnehmen. Luthers Selbst- und Gewissensprüfung waren radikal und schonungslos; sie ließen ihn permanent an sich zweifeln. Das aber untergräbt *zweitens* jede Gewissheit, von Gott angenommen zu sein. Denn es stellt sich ja die Frage, was vor Gott mehr zählt: die guten Werke oder das eigene Versagen. »Ich konnte mich nicht darauf verlassen« – das ist der entscheidende Vorbehalt. Glaube aber braucht Gewissheit, Verlässlichkeit, gelassene Zuversicht. Luthers Erfahrung war, dass sich dies im Vertrauen auf das eigene Handeln nicht einstellt. Und solange das gilt, bleibt *drittens* auch der Hader mit Gott bestehen. Ist es doch Gottes Maßstab, der die inneren Kämpfe überhaupt erst entstehen lässt. Diesen Gott zu lieben ist nicht möglich. Im Gegenteil: Luther schleudert den inneren Konflikt seinem Verursacher wieder entgegen: »Ich hasste den gerechten und die Sünder strafenden Gott.« Psychologisch betrachtet ist das eine durchaus angemessene Reaktion – besser jedenfalls, als (in der Anfechtung) gelähmt zu erstarren.

Doch damit nicht genug. Erst richtig verworren wird die Sache dadurch, dass nicht nur das Gesetz bzw. Gottes Gebot, sondern scheinbar auch das *Evangelium* den Menschen in dieser Weise mit der Gerechtigkeit Gottes konfrontiert. Denn auf das Evangelium bezieht sich ja der Satz von Paulus: »Gottes Gerechtigkeit wird in ihm offenbart.« Welche »gute Botschaft« aber soll das sein, die das menschliche Versagen nun noch zementiert? So häuft sich Schmerz auf Schmerz. Und Luther »raste wilden und wirren Gewissens«. Eine Gottesbeziehung? Wohl eher ein Teufelskreis!

Genau an diesem kritischen Punkt aber macht Luther die entscheidende Entdeckung. Um sie nachvollziehen zu können, ist es sinnvoll, sich die biblische Aussage im Zusammenhang vor Augen führen: »Denn ich schäme mich des Evangeliums nicht; denn es ist eine Kraft Gottes, die selig macht alle, die daran glauben ... Denn darin [im Evangelium!] wird offenbart die Gerechtigkeit, die vor Gott gilt, welche kommt aus Glauben in Glauben« (Röm 1,16-17). Die »Gerechtigkeit, die vor Gott gilt«, ist also wesentlich durch das Evangelium bestimmt. Das heißt: Sie ist nicht etwas, was der Mensch selbst zu erbringen hat; es wird ihm geschenkt. Als Empfangender begegnet der Mensch dem Evangelium (s. Kap. 4.3.2); in dieser Weise (und nur so!) wird ihm auch Gottes Gerechtigkeit zuteil. Das ist es, was Luther nach langer, verzweifelter Auseinandersetzung »dank Gottes Erbarmen« klar geworden ist. Diesen Vorgang bezeichnet er als *passive Gerechtigkeit*. In ihr wird der Mensch gerecht gesprochen.

Damit entsteht eine völlig neue Perspektive. Sie lässt sich in den Grundsatz bringen: *Gottes Gerechtigkeit besteht darin, dass er den Menschen gerecht macht*. Alles, was Luther vorher verzweifeln ließ, zeigt sich ihm nun in einem verwandelten Gesicht. Denn was am Begriff der »Gerechtigkeit Gottes« durch seinen Zusammenhang mit dem Evangelium exemplarisch deutlich wird, kennzeichnet insgesamt das Verhältnis von Gott und Mensch. Die Zusammenhänge und Analogien stellt Luther auch unverzüglich her: »Werk Gottes, das heißt: was Gott in uns wirkt; Kraft Gottes, durch die er uns kräftig macht; Weisheit Gottes, durch die er uns weise macht; Stärke Gottes, Heil Gottes, Herrlichkeit Gottes.« Die Reihe ließe sich fortsetzen. Der Phantasie sind keine Grenzen gesetzt. Denn immer verweist das Evangelium auf den Gott, dessen Kraft »in den Schwachen mächtig« (2. Kor 12,9) werden will.

Was über den »Zorn Gottes« negativ festgestellt wurde, gilt in positiver Weise erst recht für das Evangelium: Es erzeugt im Menschen eine Gefühlslage, in der er sein Leben insgesamt wahrnimmt und deutet. Der Zorn macht ihm die Welt »zu eng«. Das Evangelium hingegen öffnet und schärft die Sinne – für alle Vorgänge und Ereignisse, in denen uns die Welt als Gottes gute Schöpfung begegnet. Deshalb kann Luther sagen: »So ist mir diese Paulus-Stelle wahrhaftig das Tor zum Paradies geworden.«

Und der Glaube? Er ist nichts anderes als das Vertrauen in den gerecht machenden Gott. Gott behält seine Gerechtigkeit nicht für sich; er schenkt sie dem Menschen bedingungslos. Und umgekehrt ist der Mensch eingeladen, seine Verfehlungen auf Gott zu laden und sich dadurch von ihnen zu distanzieren. In anderem Zusammenhang hat Luther diesen doppelten Vorgang mit Blick auf Christus als »fröhlichen Wechsel und Streit«[9] gedeutet. Im Glauben nimmt sich der Mensch Gottes Gerechtigkeit zu Herzen; so gewinnt sie in seinem Leben Bedeutung und Ausdruck. Das meint: »Der Gerechte lebt aus Glauben.«

5.4 Der Gegensatz von Glaube und Sünde

Von diesem Verständnis des Glaubens her kann jetzt auch erfasst werden, was Luther als seinen Gegensatz bezeichnet. Der Gegensatz des Glaubens ist die menschliche Sünde.

Sünde – für das heutige Lebensgefühl ist das zweifellos ein schwieriges Wort. Dass es dazu geworden ist, hat stark mit der moralisierenden Art zu tun, in der es oft (gerade auch im Kontext kirchlicher Verkündigung) gebraucht wurde. Damit hat sich zudem eine Fokussierung auf die menschliche Sexualität verbunden, an der exemplarisch sündhafte Verfehlungen herausgestellt und angeprangert wurden. Der Ausdruck »Sünde« erscheint heute deshalb vielen als lebens- und leibfeindlich; er wirkt moralisch verstaubt. Auf der anderen Seite werden die Sünde und ihre Auswirkungen oftmals verharmlost oder augenzwinkernd zur Kenntnis genommen. So kennt die Alltagssprache Essens-, Verkehrs- oder Alkoholsünden, am Fußballplatz spricht man vom »Rotsünder«. Die Bagatellisierung der Sünde ist das Gegenstück zu ihrer moralischen Überzeichnung.

Beides aber verstellt den Blick dafür, worauf die biblische Rede von der menschlichen Sünde tatsächlich abzielt. Sie wird hier als Ausdruck einer fundamentalen *Beziehungsstörung* gesehen und beschrieben, in welcher der Mensch von Gott – der »Quelle des Lebens« (Ps 36,10) – abgeschnitten ist und deshalb in heilloser Weise verkümmern muss. An dieses Verständnis knüpft Luther an. Er macht damit deutlich, welche Auswirkungen die Sünde auf das menschliche Lebensgefühl hat. Vor allem aber stellt er heraus, wodurch die Macht der Sünde von der Wurzel her überwunden werden kann.

5.4.1 »In sich verkrümmt« – der Mensch in der Sünde

Mit einem plastischen und einprägsamen Bild führt Luther die Wirkung der Sünde vor Augen. Sie bewirkt, dass der Mensch sich verkrümmt; er verdreht sich in sich selbst. Sünde ist die »incurvatio in seipsum«, die Verkrümmung des Menschen in sich hinein. In seiner Vorlesung zum Römerbrief (1515/16) verwendet Luther dieses Bild zum ersten Mal und kommt dann immer wieder darauf zurück:

> *»Das stimmt mit der Schrift überein, die den Menschen als einen beschreibt, der so sehr in sich verkrümmt ist, dass er nicht nur die leiblichen, sondern auch die geistlichen Güter auf sich verdreht und sich in allem sucht.«*[10]

In der Verkrümmung durch die Sünde kann der Mensch nichts anderes als sich selbst sehen. Er kann nur wahrnehmen, was ihm nützt; er »sucht sich in allem«. Ausschließlich sich selbst sehen, das macht unempfänglich für anderes; dieses verliert seine eigenständige Bedeutung. Daraus resultiert eine Lebensführung, in der jemand durch und durch auf sich selbst bezogen ist. Der Wert und die Würde des Gegenübers verschwinden aus dem Blick. Der »in sich verkrümmte Mensch« hat durchaus ein Verhältnis zu seiner Welt. Doch er wird blind für das, was ihm da begegnet. Denn ihm wird alles zum Anlass für die eigene Selbstbestätigung. Die Dinge des Lebens werden zum bloßen Material; sie dienen unterschiedslos dazu, gebraucht und verbraucht zu werden. In der Sünde wird der Mensch in seinen Beziehungen eigentümlich beziehungslos.

Das gilt, wie Luther ausdrücklich betont, nicht allein für irdische, sondern auch für »geistliche Güter«. Es gibt eine Art von Frömmigkeit, in der jemand nicht in Wahrheit von Gott berührt wird, sondern sich, Gott gebrauchend, selber in den Mittelpunkt stellt. In seiner Auslegung zum Magnificat (1521) beschreibt Luther diese Tendenz im Blick auf Menschen, »die sich erheben in Gottes Gütern und sie nicht allein Gottes Güte zueignen … Sie wollen dadurch geehrt und für mehr gehalten sein als andere Menschen. Sie schauen an all das Gute, das Gott an ihnen gewirkt, klammern sich daran und beanspruchen es als das Ihre und halten sich gegen die andern, die solches nicht haben, für etwas Besonderes.«[11] Der ganze Jahrmarkt menschlicher Eitelkeiten – auch der religiösen! – kommt hier in den Blick, das Sichvergleichen des Einen mit dem Anderen, das Größer- und Besserseinwollen. Das ist insofern Ausdruck von Sünde, weil eine Person das, was ihr geschenkt und gegeben wird, zum Anlass der Selbstbespiegelung macht. Sie verdreht es in sich hinein. *Sünde ist Ichsucht.*

Die Verkrümmung des Menschen in sich selbst ist die Kehrseite seines Beziehungsverlustes zu Gott. In ihm wurzelt aus biblischer und reformatorischer Sicht die Sünde. Sie erwächst aus der Verweigerung jenes Vertrauens auf Gott, das den Glauben ausmacht. »Was nicht aus dem Glauben kommt, das ist Sünde« (Röm 14,23). Das Nichtglauben ist der Ursprung der Sünde. Sie entsteht im Herzen, ist im Kern nichts anderes als die Missachtung des Ersten Gebots (s. Kap. 4.5). Und sie manifestiert sich dann in solchen Taten, die dem Geist und dem Sinn aller Gebote widersprechen und zur Missachtung des menschlichen Gegenübers führen – von der versteckten Gemeinheit bis hin zur blutigen Gewalttat. Nach reformatorischer Überzeugung ist dabei nicht erst die ausgeführte Tat, sondern schon das böse Begehren selber Sünde. Dies entspricht auch den abschließenden Geboten des Dekalogs mit ihrer einleitenden Wendung »Du sollst nicht begehren«. Sie bezieht sich bereits auf den menschlichen Drang und nicht erst seine Betätigung (in der Form von Raub oder Diebstahl). Wie beim Glauben geht es ebenso in der Sünde insgesamt um das menschliche Fühlen und Wollen des Herzens. In der Sünde ist es von einer unheilvollen Begierde bestimmt.

Diese Begierde (lat. Konkupiszenz) haftet nach Luthers Überzeugung dem Menschen von Natur aus an. Er verfällt ihr immer wieder, ohne dass er das selbst verhindern könnte. Die Begierde, von der hier die Rede ist, ist keinesfalls mit dem sexuellen Begehren des Menschen gleichzusetzen; dieses ist Teil seiner Geschöpflichkeit, zentraler Aspekt seiner Lebendigkeit. Unter Konkupiszenz versteht Luther vielmehr den Drang des Menschen, sich selbst zu Gott zu machen, weil er Gott nicht Gott sein lässt (s. Kap. 3.2.3). Das ist die Ursünde des Menschen, aus der alle weiteren folgen und aus der er sich »aus eigener Vernunft noch Kraft« nicht befreien kann. Es muss ihm eröffnet werden. Und das widerfährt ihm in jener bedingungslosen Annahme, in der Gott den Sünder gerecht und frei spricht.

5.4.2 »Gerecht und Sünder zugleich«

Zum Realismus des reformatorischen Menschenbildes gehört die Einsicht, dass die so verstandene Sünde nicht einfach verschwindet. Sie behält zeitlebens ihre verführende Faszination und ihr destruktives Potential – auch für den Glaubenden. Sie kann durch Gott aber immer neu vergeben und dem Menschen nicht mehr angerechnet werden. Genau das vollzieht sich in der Rechtfertigung des Sünders allein aus Gnade, allein durch Christus und allein im Glauben (s. Kap. 5.5).

Dass hier grundsätzlich beides gilt, fasst Luther mit der prägnanten Formel zusammen, wonach der Christenmensch immer gerecht und Sünder zugleich ist; er ist »simul iustus et peccator«. Diese Wendung ist zu einem wesentlichen Merkmal des reformatorischen Verständnisses von Rechtfertigung geworden. An ihr haben sich intensive ökumenische Debatten entzündet, auf deren bis in die Gegenwart reichenden Verlauf hier allerdings nicht eingegangen werden kann. Wohl aber geht es darum, den Sinn dieser Formulierung und ihre Bedeutung für das Lebensgefühl des Glaubens zu verstehen.[12]

Missverstanden wäre Luthers Aussage jedenfalls dann, wenn man darin die Beschreibung eines friedlichen Miteinanders von Sünde und (von Gott geschenkter) Gerechtigkeit sähe. Dass sich der Mensch in der Wirklichkeit der Sünde einrichtet oder sich mit ihr arrangiert, soll hier keineswegs legitimiert werden. Sich mit der Sünde auseinanderzusetzen und sich von ihr – soweit es möglich ist – nicht beherrschen zu lassen, gehört für Luther selbstverständlich zur christlichen Lebensführung dazu. Er sieht aber zugleich, dass der Mensch darin nicht einfach frei ist

(s. Kap. 7.2.1). Das menschliche Herz ist keine neutrale Zone, aus der heraus souverän das eine gewählt und das andere verworfen werden könnte. Vielmehr ist die Person in ihrem Zentrum selbst durch die einander entgegengesetzten Kräfte des Glaubens und der Sünde bestimmt. Gewinnt Letztere die Oberhand, dann kann der Mensch es nicht vermeiden zu sündigen. Und damit ist er, in Luthers Verständnis, »ganz Sünder«.

Nun kann man einwenden, dass das maßlos übertrieben ist. Kein Mensch ist nur Sünder. Unbestreitbar gibt es viel guten Willen und viele hilfreiche Taten zwischen Menschen, die in wunderbarer Weise für sich sprechen. Das würde auch Luther keineswegs in Abrede oder auch nur in Frage stellen. Die Bezeichnung »ganz Sünder« hebt auf anderes ab. Sie macht zum einen deutlich, dass jede Übertretung des Gebots, Gott und den Nächsten zu lieben, auf den Menschen selber – sicher in unterschiedlicher Intensität – zurückwirkt. Eine Gewalttat etwa verletzt nicht nur das Opfer, sondern beeinflusst auch den Täter, vor allem dann, wenn sie wiederholt erfolgt. Das kann bis zur seelischen Abstumpfung führen, die den Charakter des ganzen Menschen verändert. Dem entspricht zum anderen die Wahrnehmung von außen. Bestimmte Taten führen dazu, dass jemand mit ihnen identifiziert wird. Lügt jemand beispielsweise kontinuierlich, dann wird er, über kurz oder lang, für seine Umwelt zum Lügner; die Taten werden zum Merkmal der Person selber erklärt. Dieser Effekt tritt natürlich auch im umgekehrten, positiven Fall ein. Vor allem aber erinnert Luthers Bezeichnung daran, dass nicht nur die gute, sondern auch die böse Tat aus dem Herzen aufsteigt: als Hass, Neid oder Missgunst. In all dem ist der Mensch aus der Mitte seiner Existenz heraus beteiligt. Insofern ist er darin, im Blick auf sich selbst, »ganz Sünder«.

Er ist im Glauben aber zugleich »ganz gerecht«, weil er von Gott gerecht gesprochen und bedingungslos angenommen wird. Wer von Gott angenommen ist, der ist ganz angenommen. Kann sich der Mensch glaubend auf diese Zusage einlassen, dann hat das fundamentale Bedeutung für seine Selbstwahrnehmung. Es bedeutet nämlich, dass er zu seinem eigenen Besten von seinen Taten *unterschieden* wird. Nicht die böse Tat, wohl aber die Person wird gerechtfertigt. So wenig die Sünde zu verharmlosen ist und durch die Rechtfertigung auch nicht gedeckt wird, so sehr wird die Person selbst von Gott anerkannt und bejaht. In der Perspektive der Rechtfertigung verbietet es sich deshalb generell, den Menschen mit seinen Taten oder Untaten in eins zu setzen. Mit keiner von ihnen, weder den bösen noch den guten, wird ein letztes Urteil über ihn gefällt. Deshalb können und dürfen sie ihn auch nicht endgültig festlegen. Jeder Mensch hat – mit dem schönen Wort Dorothee Sölles – »das Recht, ein anderer zu werden«.

Damit erscheint die Formel »Gerecht und Sünder zugleich« noch einmal in einem anderen Licht. Sie benennt nicht nur das bloße Gegenüber von menschlicher Sünde und göttlicher Gerechtigkeit, sondern wird zur Beschreibung eines lebendigen Prozesses der Veränderung. Luther bringt dies zum einen dadurch zum Ausdruck, dass er den Christenmenschen auch als »teils gerecht, teils Sünder«[13] bezeichnen kann. Er rechnet also damit, dass sich die Güte Gottes im Lebensgefühl des Menschen effektiv auswirkt und ihn – auf jeden Fall teilweise – zum Tun des Guten befähigt. Zum andern zeigt Luther mit seiner Formel eine Perspektive für das gesamte Leben auf, das seinen entscheidenden Impuls aus der *Hoffnung* bezieht. Er veranschaulicht dies am Beispiel der Zuversicht des Kranken auf Heilung:

»Es ist wie mit einem Kranken, der dem Arzt, der ihm aufs Gewisseste die Gesundheit verspricht, Glauben schenkt und in der Hoffnung auf die versprochene Genesung seinem Gebote gehorcht ... Ist dieser Kranke nun etwa gesund? Nein, er ist zugleich krank und gesund. Krank in Wirklichkeit, gesund aber kraft der gewissen Zusage des Arztes, dem er glaubt, dass er ihn schon gleichsam für gesund rechnet, weil er dessen gewiss ist, dass er ihn heilen wird ... In gleicher Weise [ist der Christenmensch] zugleich ein Sünder und ein Gerechter: Sünder in Wirklichkeit, aber gerecht kraft der Ansehung und der gewissen Zusage Gottes, dass er ihn von Sünden erlösen wolle, bis er ihn völlig heilt. So ist er vollkommen heil in der Hoffnung, in Wirklichkeit aber ein Sünder.«[14]

In der Hoffnung verändert sich das Erleben der realen Krankheit; sie wird in der Perspektive der Heilung wahrgenommen und verliert darin ihren bedrohlichen und lähmenden Charakter. Und das eignet sich zum Sinnbild für das gesamte Leben. Im Lichte des Glaubens erscheint es als ein Prozess der Heilung von der »Krankheit« der Sünde, deren zukünftige, endgültige Überwindung allein Gottes Werk ist. In diesem Sinne ist das Leben ein Prozess, eine Entwicklung, ein Werden. Luther kann es mit eindringlichen Worten beschreiben:

»Dieses Leben ist nicht ein Frommsein, sondern ein Frommwerden, nicht eine Gesundheit, sondern ein Gesundwerden, nicht ein Wesen, sondern ein Werden, nicht eine Ruhe, sondern eine Übung. Wir sind's noch nicht, wir werden's aber; es ist noch nicht getan und geschehen, es ist aber im Gang und Schwang. Es ist nicht das Ende, es ist aber der Weg; es glühet und glimmt noch nicht alles, es reinigt sich aber alles.«[15]

5.4.3 »Sündige mutig, aber noch mutiger glaube!«

Manchmal muss man kühn formulieren, um auf den Punkt zu bringen, was einem aufgegangen ist. Und kühn ist jene Aufforderung zweifellos, die Luther von der Wartburg seinem Freund Melanchthon im Brief vom 1. August 1521 (s. Anhang) ans Herz legt: »Pecca fortiter, sed fortius fide« – »Sündige mutig, aber noch mutiger glaube!«[16] Das ist eine ihrerseits mutige, merkwürdige und auch angreifbare Aussage. Zugespitzter hat Luther wohl nirgends ausgedrückt, was er unter »Gerecht und Sünder zugleich« versteht. Überzieht er damit? Wird er übermütig?

Sündige mutig – für sich genommen wäre das ein fataler Ratschlag. Wem wie Luther klar geworden ist, welche emotionalen und sozialen Folgen die Sünde hat, kann zu ihr nicht ernsthaft ermuntern. Genau das geschieht hier jedoch. Es geschieht freilich in der Perspektive des Glaubens, und das ist an dieser Stelle entscheidend. Luthers Aussage stellt mitnichten einen Freibrief dafür aus, über alle Stränge zu schlagen. Sie ist vielmehr als seelsorgerlicher Hinweis zu verstehen, wie man mit der Sünde angemessen umgehen kann, weil sie in einem anderen – in Christus – aufgehoben ist. Deshalb die weitergehende Ermunterung: Aber noch mutiger glaube!

Luthers theologisch zugespitzter Satz hat eine nicht zu übersehende psychologische Bedeutung. Er besagt nämlich, dass der Blick auf die Verwerfungen des eigenen Lebens möglich ist. Ich muss sie nicht verdrängen, ich kann mich ihnen stellen. Das ist deshalb möglich, weil es in dem Gefühl erfolgt, grundlegend angenommen zu sein. Dann (und nur dann!) kann sich der Mensch auch mit dem Chaos in sich und seinen Verkrümmungen auseinandersetzen; er muss vor ihnen nicht die Augen verschließen. Mit Luthers Brief ausgedrückt: Er muss sich »nicht selbst sündlos machen«, sondern kann darauf vertrauen, dass ihn nichts von der Liebe Gottes, die in Christus erschienen ist, trennen kann. »Mach vor dem Abgrund deines Lebens nicht kehrt, schaue mutig hinunter, denn dort findest du den rettenden Christus!«[17] In dieser Zuversicht kann die Sünde bewusst gemacht, benannt und auch angenommen werden. Der Mensch kann zu ihr stehen, aus der Gewissheit heraus, dass sie vergeben wird und in Christus aufgehoben ist. Diese befreiende Erfahrung macht zum Beispiel die Beichte aus, wo sie ohne Zwang und Druck erfolgt. Im Bekennen meiner Schuld erfahre ich mich von Neuem angenommen und geliebt.

Kann in diesem Bewusstsein die Sünde auch *begangen* werden? Luthers Worte schließen das jedenfalls nicht aus. Eben das macht sie so irritierend und provozierend. Sie scheinen im völligen Widerspruch zu dem zu stehen, was das Leben im Glauben kennzeichnet. Es ist jedoch die Widersprüchlichkeit des Lebens selbst, die hier zum Tragen kommt. Pecca fortiter – das ist sicher nicht intentional aufzufassen. Damit wird also keine Ermunterung zum absichtlichen Sündigen ausgesprochen. Das liefe in der Tat allem zuwider, was Lust und Liebe zu den Geboten Gottes meint. Wohl aber drückt sich darin die Einsicht in die Unausweichlichkeit der Sünde im menschlichen Leben aus. Sie dann zwanghaft und gewaltsam unterdrücken zu wollen, kann wiederum zu neuen Verkrümmungen mit den daraus folgenden Taten führen. Der Mensch kann das Böse aus seinem Leben nicht einfach eliminieren. Er muss mit ihm umgehen, mit ihm leben lernen. Das eröffnet ihm vielleicht die Chance, von ihm zu lassen. »Sündige mutig, aber noch mutiger glaube!« – man kann Luthers seelsorgerliche Empfehlung als die Eröffnung einer solchen Chance lesen und verstehen. Damit kann ein Mensch auch sein verfehltes Tun anerkennen. Selbst wenn er an ihm immer wieder verzweifelt – im Vertrauen auf Christus ist es eine *»getroste*

Verzweiflung an dir und deinen Werken«, wie Luther in seinem Brief schreibt. Und er beschreibt damit ein Lebensgefühl, das sich im Glauben in allem von Gott getragen und umfangen weiß.

Darüber hinaus hat Luthers Satz auch eine wichtige *ethische Dimension*. In seinem Handeln ist der Mensch nämlich oft mit den Widersprüchen des Lebens konfrontiert. Diese lassen es unklar erscheinen, was in einer bestimmten Situation ein wirklich gutes Handeln genannt zu werden verdient. Gebote oder ethische Regeln können nur einen allgemeinen Rahmen bilden, innerhalb dessen sich jemand orientiert. Das konkrete Handeln selbst kann ab einem bestimmten Punkt nicht mehr abgesichert werden; es ist ein Wagnis, das ich eingehen muss. Wie zum Beispiel soll man dem grauenhaften Wüten des »IS« begegnen? Ist es ethisch legitim, Widerstandsgruppen mit Waffen auszurüsten, wissend, dass auch deren Gebrauch fürchterliches Leid hervorruft? Was also bedeutet in diesem Zusammenhang das Fünfte Gebot »Du sollst nicht töten«? Luther sagt: Dem Nächsten »helfen und beistehen in allen Nöten« (s. Kap. 4.5). Aber wie schaut das angesichts einer Situation, in der Gewalt zum Terror wird, konkret aus? Welcher Weg da auch immer eingeschlagen wird, er ist damit verbunden, gegenüber der einen oder anderen Seite schuldig zu werden. Verantwortliches Handeln setzt dann – wie *Dietrich Bonhoeffer* eingeschärft hat – die Bereitschaft voraus, »Schuld zu tragen aus Nächstenliebe«[18].

Luthers Wort »Sündige mutig« spricht auch in solche Situationen hinein. Es kann zu verantwortungsvoller Schuldübernahme inspirieren, ohne die ein helfendes Handeln in den Konfliktfeldern dieser Welt oft nicht denkbar wäre. Besonders dann gilt: Aber noch mutiger glaube! Und das heißt: Wie groß auch immer deine Schuld sein mag, Gottes Liebe ist größer. Der Glaube des Herzens verleiht Mut zum Handeln, Mut aus Gott: Gottesmut.

5.5 »Allein durch den Glauben« – schöpferische Passivität

Neben der paulinischen Aussage zur »Gerechtigkeit, die vor Gott gilt« (Röm 1,17) ist für Luther eine weitere Belegstelle im Römerbrief von wesentlicher Bedeutung: »So halten wir nun dafür, dass der Mensch gerecht wird ohne des Gesetzes Werke, allein durch den Glauben« (Röm 3,28). Dieser Vers verweist für den Reformator auf das Herzstück des Evangeliums: die Botschaft von der Gnade Gottes in Jesus Christus, die ein reines Geschenk für den Menschen ist, das ihm ohne jede eigene Leistung widerfährt. Durch den Glauben erfasst der Mensch dieses Geschenk, und zwar – wie ausdrücklich hervorgehoben wird – *allein* durch den Glauben. Was heißt das?

5.5.1 Umstrittenes »allein«

Das Wort »allein« ist in diesem Zusammenhang allerdings umstritten. Denn in der genannten Bibelstelle gibt es im griechischen Urtext keinen direkt entsprechenden Ausdruck dafür. Luther hat das Wort in seiner Übersetzung eingefügt. Bis heute unterscheidet sich die Lutherbibel an dieser Stelle von anderen Übersetzungen. So verzichten beispielsweise sowohl die (ökumenische) »Einheitsübersetzung« wie auch die »Bibel in gerechter Sprache« auf das Wort »allein«. Von den kirchlichen Kontrahenten seiner Zeit ist Luther für seine sprachliche Ergänzung angegriffen worden. Für ihn freilich geht es hier um den Kern der Sache: das Verständnis des Evangeliums. Deshalb verteidigt er seine Version mit einer eigenen Abhandlung, dem »Sendbrief vom Dolmetschen« (1530). Darin legt er ausführlich die Prinzipien seiner Übersetzungsarbeit dar. Ein Grundsatz hat es dabei zu allgemeiner, sprichwörtlicher Bekanntheit gebracht: Man muss dem Volk »aufs Maul schauen«, wenn man verständlich reden will.

Seine Formulierung, dass der Mensch »allein« durch den Glauben gerecht wird, begründet Luther mit zwei Argumenten. Das erste ist sprachlicher Natur und verbindet sich mit dem Hinweis auf die Logik der deutschen Sprache:

»Wahr ist's: Diese vier Buchstaben sola [allein] stehen nicht drinnen. Diese Buchstaben sehen die Eselsköpfe an wie die Kühe ein neues Tor; sehen aber nicht, dass gleichwohl die Absicht des Textes das ›sola‹ in sich hat, und wo man's klar und eindringlich verdeutschen will, da gehört es hinein [...] Das ist aber die Art unserer deutschen Sprache, wenn sie von zwei Dingen redet, von denen man das eine bejaht und das andere verneint, dann braucht man das Wort ›solum‹ (allein) neben dem Wort ›nicht‹ oder ›kein‹. So wenn man sagt: Der Bauer bringt allein Korn und kein Geld.«[19]

Das Beispiel verdeutlicht: Das Wort »allein« fügt der Aussage selber nichts hinzu, verfälscht sie also nicht, sondern macht sie in ihrer Zielrichtung lediglich unmissverständlich klar. Das gilt genauso für den biblischen Satz, und zwar auch aus sachlichen, theologischen Gründen. Das ist das zweite Argument, das von Luther für die Verwendung des Wortes »allein« ins Feld geführt wird. Denn es ist ja gerade die inhaltliche Pointe der paulinischen Aussage, dass der Mensch *ohne* eigene Werke vor Gott gerecht wird, ausschließlich im Vertrauen auf ihn. Und das entspricht für den Reformator genau dem biblischen Gesamtverständnis des Evangeliums, das dem Menschen bedingungslos zugesprochen wird und deshalb nur im Glauben ergriffen werden kann. Deshalb folgert er:

»Wer deutlich und klar von solchem Abschneiden der Werke reden will, der muss sagen: ›Allein‹ der Glaube und nicht die

Werke machen uns gerecht. Das erzwingt die Sache selbst neben der Art der Sprache.«[20]

Was wie die überspitzte Auseinandersetzung um ein einziges Wort erscheinen mag, ist tatsächlich von grundsätzlicher Bedeutung. An der Rechtfertigung allein durch den Glauben zeigt sich exemplarisch, wer der Mensch vor Gott und was Gott für den Menschen ist. Für sein Heil kann und muss der Mensch selber nichts beitragen. Es wird ihm eröffnet. Von dieser Grundeinsicht her konnten dann auch in der »Gemeinsamen Erklärung zur Rechtfertigungslehre« (1999) evangelische und katholische Theologinnen und Theologen zu jenen vermittelnden Formulierungen finden (s. Anhang), die dem Sinn des »allein« entsprechen.

5.5.2 Vierfaches »allein«

Im Anschluss an Luther haben sich in der reformatorischen Theologie vier Kurzformeln herausgebildet, mit denen jenes »allein« ausgesagt wird. Sie werden als *Exklusivpartikel* bezeichnet:

- »sola scriptura«, allein aufgrund der Schrift
- »solus christus«, allein wegen Christus
- »sola gratia«, allein aus Gnade
- »sola fide«, allein im Glauben.

Ausschließlich an der Schrift – also an den Texten der Bibel – lässt sich ablesen, was Rechtfertigung meint. Insofern erschließen sich aus diesem Grundsatz die maßgeblichen inhaltlichen Kriterien für das, was in theologischer Perspektive Rechtfertigung heißt. Diese Kriterien werden mit den anderen Formeln umrissen.[21] Sie scheinen sich jedoch zu widersprechen. Denn wenn für eine Sache etwas »allein« gelten soll, kann es daneben nicht weitere Aussagen geben, von denen dasselbe behauptet wird. Der Widerspruch löst sich aber auf, wenn man sich klarmacht, dass das »allein« in den vier Exklusivpartikeln jeweils in verschiedener Hinsicht ausgesagt wird. Und dabei verbindet sich immer eine positive Aussage mit einer Abgrenzung.

Die Formel *solus christus* unterstreicht, dass die Trennung zwischen Gott und Mensch allein in Christus aufgehoben ist. Durch sein Leben, das sich im Tod am Kreuz vollendet hat, und kraft seiner Auferweckung ist die Macht der Sünde wie des Todes gebrochen (s. Kap. 4.3.2). In Christus ist die Beziehungsstörung zwischen Mensch und Gott ein für alle Mal geheilt. Abgrenzend wird damit bestritten, dass es daneben weiterer »Heilsmittler« bedarf. Der Mensch muss weder mit eigenen Werken »Gott den Himmel abzwingen« (s. Kap. 3.3.3), noch benötigt er andere »vermittelnde« Instanzen, damit er in der Beziehung zu Gott leben kann. Auch die Kirche ist keine solche Instanz. Sie *bezeugt* zwar – in hoffentlich überzeugender Weise – Gottes Liebe, und in dieser Bedeutung ist sie auch unverzichtbar. Aber die Kirche vermittelt nicht zwischen Mensch und Gott. Sie lebt vielmehr selbst aus der versöhnenden Liebe Gottes, die in Christus erschienen ist.

In der Wendung *sola gratia* kommt zum Ausdruck, dass diese Liebe dem Menschen allein aus Gnade und in der freien Zuwendung Gottes zuteilwird. Damit wird abgrenzend betont, dass dieses Geschehen seitens des Menschen durch nichts verdient werden kann und erst recht nicht erzwingbar ist. Das kennzeichnet ja auch die Erfahrung der Liebe zwischen Menschen. »Ich schenke dir meine Liebe« – in solchen und ähnlichen Sätzen wird deutlich, dass Liebe in Wahrheit niemals verdient werden kann; sie ist ein – und wohl das denkbar schönste – Geschenk, das wir uns gegenseitig bereiten können. Jedoch gibt es einen bedeutsamen Unterschied zwischen menschlicher und göttlicher Liebe. »Menschliche Liebe entsteht an ihrem Gegenstand«, stellt Luther in der »Heidelberger Disputation« (1518) fest. Sie erwächst also aus Freude an der geliebten Person, auch wenn darin immer eigene Bilder von dem einfließen, was für mich liebens- und begehrenswert ist. Entzündet aber wird die Liebe am Gegenüber, das mich anzieht. Genau anders herum verhält es sich nach Luther mit der göttlichen Liebe. »Die Liebe Gottes findet ihren Gegenstand nicht vor, sondern schafft ihn sich erst.«[22] Der Mensch wird von Gott nicht deshalb geliebt, weil er liebenswert ist, vielmehr wird er in der bedingungslosen Liebe Gottes zur liebenswerten Person gemacht. In Luthers Worten: »Die Sünder sind deshalb schön, weil sie geliebt werden, sie werden nicht deshalb geliebt, weil sie schön sind.« Dieses Geschenk der Liebe kann, wenn es im Herzen ankommt, die Selbstwahrnehmung der Person verändern; sie nimmt sich selbst *als geliebte* Person wahr und kann sich darin »schön« finden. Das wiederum entspricht auch Erfahrungen im Bereich der zwischenmenschlichen Liebe; sie wirkt sich auf das Selbstbild der Person aus, beeinflusst es in positiver Weise. »Dass du mich liebst, macht mich mir wert« (s. Kap. 2.4.3).

5.5.3 Der Glaube – passiv und aktiv zugleich

Was die beiden Exklusivpartikel »solus christus« und »sola gratia« – ungeachtet der verschiedenen Akzentuierungen – verbindet, ist der Umstand, dass der Mensch in ihrer Perspektive als Handelnder ausgeschlossen wird; er ist ausschließlich passiv. Wobei Passivität hier gerade nicht bedeutet, unbeteiligt zu sein (s. Kap. 2.6.2). Angesprochen ist vielmehr jene empfangende Dimension des Menschen, durch die er im Erleben des anderen in intensiver Weise sich selbst erlebt. Solche Momente können sich zu tief beglückenden Erfahrungen verdichten, die sich einem Mensch passiv eröffnen, indem er beschenkt wird.

In dem Adjektiv »passiv« schwingt sprachlich die Erfahrung mit, etwas zu erleiden. Sprachwissenschaftlich wird das Passiv als »Leideform« bezeichnet. Mit dem Wort »Leiden« verbinden sich allerdings primär schmerzhafte Assoziationen: Mir wird in einer unangenehmen oder üblen Weise mitgespielt. Jeder, der beispielsweise unter Koliken leidet (wie es bei Luther der Fall war), weiß, wovon die Rede ist. Das Erleiden von Schmerzen – gleich ob sie körperlich ausgelöst oder von anderen zugefügt werden – wirft den Menschen auf sich zurück. Auch dabei verkrümmt er sich (freilich anders als in der Sünde) in sich selbst, mitunter körperlich sichtbar. Doch es gibt auch andere, genau entgegengesetzte Möglichkeiten, etwas zu erleiden. Mit einer fast paradox anmutenden Formulierung hat sie Luther einmal als »fröhliches Leiden« beschrieben. In ihm ist der Mensch ebenfalls passiv; er fühlt sich darin aber zugleich in tiefster Weise beschenkt und ergriffen. Und das öffnet ihn; es weckt in seinem Herzen Reaktionen der Dankbarkeit und Freude. In ihnen spiegelt sich wider, was zuvor empfangen wurde.

Luther verdeutlicht diesen Zusammenhang eindrucksvoll am einleitenden Satz des »Magnificat«. Seine Schrift zu diesem neutestamentlichen Psalm – »Das Magnificat, verdeutscht und ausgelegt« (1521) – setzt mit der sprachlichen Beobachtung ein, dass es nicht heißt »*Ich* erhebe den Herrn«, sondern: »*Meine Seele* erhebt den Herrn« (Lk 1,46). Das verweist auf eine tiefer liegende Schicht im Menschen, die seinem eigenständigen Zugriff entzogen ist: die *Seele*. Aus ihr erwachsen seine Emotionen und Affekte, mit denen er sich zwar steuernd auseinandersetzen, die er aber weder verhindern noch selbst hervorrufen kann (s. Kap. 7.2.1). Man kann sich das am Beispiel der Freude vor Augen führen. Es macht keinen Sinn, sich zur Freude selber aufzufordern. Sie kann nur ausgelöst werden, und das ereignet sich im Erleben. An diese Einsicht knüpft Luther an, wenn er die Erfahrung, die im Anfangssatz des Magnificat anklingt, folgendermaßen deutet:

»Es schwebt mein Leben und all mein Sinn in Gottes Liebe, Lob und hoher Freude, so dass ich, meiner selbst nicht mächtig, mehr erhoben werde, als dass ich mich selbst erhebe zu Gottes Lob ... Denn es ist kein Menschenwerk, Gott mit Freuden zu loben. Es ist mehr ein fröhliches Leiden und allein Gottes Werk, das sich mit Worten nicht lehren, sondern nur durch eigene Erfahrung erkennen lässt.«[23]

Die mystischen Elemente in dieser dichten Beschreibung sind unverkennbar. Sie verweist aber zugleich auf einen allgemeinen Sachverhalt: Gefühle werden im Menschen passiv geweckt; nur insofern sie ihn tatsächlich ergreifen, kann er ihnen auch authentisch Ausdruck verleihen. Das Lob »fließt« dann, wie es ebenso schön wie treffend heißt, »von den Lippen.«

Was Luther am Beispiel der Freude und des Gotteslobs herausstellt, gilt in vergleichbarer Weise auch für den Glauben. Er ist durch ein Zusammenspiel von Passivität und Aktivität, von Empfänglichkeit und Spontaneität gekennzeichnet. Im Blick auf sein Zustandekommen ist der Glaube »allein Gottes Werk«. Er wurzelt in dem Gefühl der bedingungslosen Annahme, welches die den Menschen rechtfertigende Gnade Gottes auslöst. Glaubend ist der Mensch jedoch nicht nur passiv ergriffen; er gibt dem, was ihn ergriffen hat, einen eigenen Ausdruck und ist darin aktiv beteiligt. Und das geschieht genau in jenem Akt, mit dem sich ein Mensch auf Gott und seine Güte *vertrauend* einlässt. In dieser passiv hervorgerufenen Weise ist der Glaube für Luther zugleich Menschenwerk. Ja, er ist sogar das *Grundwerk* des Menschen (s. Kap. 4.5), weil es aus dem Zentrum seiner Existenz heraus auf sein ganzes Leben ausstrahlt. Der Akt des Vertrauens ist durch sein Gegenüber konstituiert. Deshalb erfährt sich der Mensch in ihm immer passiv und aktiv zugleich.

Diese doppelte Bewandtnis des Glaubens wird mit der Exklusivaussage *sola fide* aufgegriffen. Das unterscheidet sie von den beiden anderen Formeln, in denen der Mensch mit seinem eigenen Tun nichts beitragen kann. Im Glauben, und nur in ihm, ist der Mensch zugleich aktiv in das Geschehen der Rechtfertigung einbezogen. Allerdings kann man die Aussage »allein durch den Glauben« auch missverstehen. Und zwar mit der Annahme, dass es vom Akt des Glaubens selber abhängt, ob jemand gerechtfertigt ist oder nicht. Das aber würde den Glauben wiederum jenem unheilvollen Druck aussetzen, von dem das Evangelium ja gerade befreit. Es gilt vielmehr ganz grundsätzlich: Kein Werk, auch nicht der Glaube, rechtfertigt den Menschen. Was aber bewirkt er dann?

Der Glaube ist nichts anderes als tiefes Vertrauen auf Gott und seine Zusagen. In dieser Begrenzung liegt seine wahre Bedeutung. Im Glauben lässt sich der Mensch die bedingungslose Anerkennung seiner Person gefallen: Er nimmt sie sich »zu Herzen«. Und das wirkt sich auf sein Lebensgefühl im Ganzen aus. Es entsteht ein Bild vom eigenen Leben und Handeln, das durch Freiheit gekennzeichnet ist (s. Kap. 7.4). Weder der Glaube noch sonst irgendein Tun müssen begründen, dass jemand von Gott anerkannt wird. Es verhält sich genau umgekehrt: Im Glauben lebt der Mensch die Gewissheit, angenommen zu sein, aus. Das geschieht in allen seinen Werken, mit allem, was er ist und hat: mit Herzen, Mund und Händen. Aus dem Glauben erwächst jene gelassene Zuversicht, die auch an der eigenen Schuld nicht zu verzweifeln braucht, weil sie in der Gerechtigkeit Gottes »aufgehoben« ist. Im Glauben – in ihm allein! – gelangt die Rechtfertigung des Menschen in dessen Leben *zur Wirkung*.

Das eröffnet ihm einen gleichsam spielerischen Umgang mit seinen Möglichkeiten, zu dessen Kennzeichen nicht zuletzt – wenigstens ein Schuss – Humor und Fröhlichkeit gehören. Und es kann so etwas entstehen wie *Freude am Gelingen*. Sie entsteht freilich nur dann, wenn das Gelingen nicht seinerseits zum unerbittlichen Maßstab des Lebens erhoben wird (s. Kap. 5.1). Doch das Glück, welches dem kreativen Schaffen des Menschen innewohnt, verträgt sich sehr wohl mit jener Gerechtigkeit, die vor Gott gilt. Die Passivität des Glaubens setzt schöpferische Kräfte frei. Sie lassen den Menschen mit »Lust und Liebe« ans Werk gehen.

5.5.4 Der Glaube, die Taufe und das Nichts

Dass die Formel »allein durch den Glauben« in der zuletzt dargestellten Weise zu verstehen und zu interpretieren ist, hat noch weitere Konsequenzen. Die betreffen vor allem jene Zeiten, in denen sich der Glaube dem Menschen entzieht oder dieser brüchig wird. Dass dies möglich ist und auch immer wieder geschieht, lehren nicht zuletzt Luthers eigene Erfahrungen (s. Kap. 5.2). In unterschiedlicher Weise dürfte es aber zu jeder Glaubensbiographie gehören.

»Durch die risse des glaubens schimmert
das nichts«[24]

Von den Worten des Dichters *Reiner Kunze* erhält jeder, dessen Leben in die Krise gerät, eine Ahnung. Wäre der Glaube nun die maßgebliche Instanz, an der sich das menschliche Gottesverhältnis entscheidet, dann würde dieses mit jeder Vertrauenskrise insgesamt auf dem Spiel stehen. Dem widerspricht aber alles, was das Evangelium bedeutet und zum Ausdruck bringt. Dessen Bedingungslosigkeit gilt gerade auch für den Akt des Vertrauens. Deshalb kann es kein *Glauben-Müssen* geben. Und das hat unmittelbare psychologische und auch seelsorgerliche Auswirkungen. Ausgeschlossen sind damit nämlich alle jene hilflosen Versuche, mit denen jemand in seinen Krisensituationen zum Glauben aufgefordert, wenn nicht sogar gedrängt wird. Was aber ist, wenn er oder sie – auch beim besten Willen – dazu nicht (mehr) in der Lage ist?

In solchen Momenten gewinnt für Luther die *Taufe* ihre tiefste existenzielle Bedeutung. In der Taufe drückt sich – verbunden mit dem symbolischen Element des Wassers und dem verheißenden Wort des Evangeliums – die bedingungslose göttliche Annahme eines Menschen aus. Sie wird ihm persönlich zugesprochen. Insofern ist die Taufe die mit den Sinnen wahrnehmbare Konkretion der Rechtfertigung des Menschen allein aus Gnade. Dessen ganzes Leben steht damit unter dem Vorzeichen, angenommen zu sein, trotz aller Verfehlungen. In dieses Gefühl kann und darf eine Person hineinwachsen. Im Glauben macht er oder sie es sich zu eigen: als Vertrauen darauf, von Gott gemeint, geliebt und getragen zu sein.

Doch der Glaube begründet die Taufe nicht, er macht sie nicht gültig. Nach Luthers Überzeugung hängt ihre Gültigkeit allein an der mit ihr verbundenen göttlichen Verheißung. Es verhält sich also gerade umgekehrt: Die Taufe trägt den Glauben; sie zielt auf ihn, setzt ihn aber nicht voraus. Diesen Aspekt betont Luther im Großen Katechismus ausdrücklich:

»Wenn das Wort bei dem Wasser ist, so ist die Taufe gültig, auch wenn der Glaube nicht dazukommen sollte. Denn mein Glaube macht nicht die Taufe, sondern er empfängt die Taufe.«[25]

Da der Glaube nicht die Taufe »macht«, kann sein Schwinden oder Schwanken sie auch nicht ungültig oder zweifelhaft machen. Im Gegenteil: Die wahre Bedeutung der Taufe zeigt sich gerade in jenen Phasen eines Lebens, die durch Zweifel, Verunsicherung oder – wie Luther es ausdrücken würde – durch Anfechtung geprägt sind. Dann kann das Bewusstsein, getauft zu sein, gerade wegen der darin enthaltenen Bedingungslosigkeit zum Anker meiner Gefühle werden, der ihnen erneut Stabilität verleiht.

Ich bin getauft, »baptizatus sum« – diese zwei Wörter soll Luther mit Kreide aufgeschrieben bzw. sogar in seinen Schreibtisch geschnitzt haben. Immer wenn ihn die Verzweiflung packte, habe er sich dann die Worte vor Augen gehalten – so die Überlieferung, die wohl legendenhafte Züge trägt. Ob (gut) erfunden oder real geschehen: Der Vorgang des Aufschreibens oder Eingravierens ist insofern bedeutsam, da die Aussage damit den Charakter einer *von außen* geweckten Erinnerung erhält. Damit kann sie für das Lebensgefühl, auch in Zweifeln und Ängsten, erneut wirksam werden.

Dass die beiden Worte und das mit ihnen einhergehende Bewusstsein für Luther tatsächlich von eminenter Bedeutung gewesen sind, belegt zum Beispiel der Satz aus seiner letzten großen Vorlesung zur Genesis (1543/45): »Ego sum baptizatus, sum absolutus, da sterb ich auff«[26] – »Ich bin getauft, bin es unbedingt, darauf hin sterbe ich.« Die tiefste und umfassendste Dimension der Taufe erschließt sich uns, wenn wir mit dem eigenen Nichts konfrontiert sind. Sie wird dann zur Verheißung, gerade darin umfangen und gehalten zu sein. Und das eröffnet die Möglichkeit, »in Gott hinein zu hoffen«.

Diese Begegnung mit dem »eigenen Nichts« hat Luther in seiner zweiten Vorlesungsreihe zu den Psalmen (1518/21) mit Sätzen beschrieben, die ebenso dicht wie tiefgreifend sind:

»Wo gelangt denn der hin, der in Gott hinein hofft, wenn nicht in sein eigenes Nichts? Wohin aber sollte der entschwinden, der ins Nichts entschwindet, wenn nicht dahin, woher er kam? Er kam ja aus Gott und aus dem eigenen Nichts. Darum kehrt zu Gott zurück, wer ins Nichts zurückkehrt. Es kann nicht etwa auch noch außerhalb der Hand Gottes fallen, wer außerhalb seiner selbst fällt. Stürze also hindurch durch die Welt – wohin stürzest du dann? Doch in die Hand und den Schoß Gottes.«[27]

Ich komme aus dem Nichts, ich gehe wieder ins Nichts – aber gerade darin begegne ich Gott. Radikaler und tiefgründiger zugleich lässt sich das »Woher, Wohin und Wozu« des menschlichen Lebens (s. Kap. 2.5) kaum erfassen. Es ist in Gott begründet, hat in ihm zugleich sein Ziel. Im Blick auf seine irdisch-leibliche Existenz »entschwindet« der Mensch in sein »eigenes Nichts«, aus dem er auch gekommen ist. Im Blick auf Gott aber, in ihn »hinein hoffend«, geht er in dessen Wirklichkeit ein, die ihn von Anfang an getragen und umgeben hat.

Dem »eigenen Nichts« begegnet der Mensch freilich nicht erst am Ende seines Lebens. Er kann mit ihm auch mitten im Leben konfrontiert werden. Und das geschieht überall da, wo er »außerhalb seiner selbst fällt«, das heißt: wo er sich selbst nicht mehr zu halten vermag und die gewohnten Sicherheiten schwinden. Besonders in diesen Augenblicken kommt es darauf an, von einem anderen aufgefangen zu werden. So aufgefangen zu werden ist dann eine Erfahrung von letzter Passivität. Darin zeigt sich dem Menschen aber am deutlichsten, wie Gottes Wirklichkeit in seinem Leben Gestalt gewinnen will – als bedingungslos rettende, befreiende, bergende Zuwendung.

Die Taufe verheißt das für das persönliche Leben und über dessen Tod hinaus. In der individuellen Bedeutung der Taufe drückt sich aber die grundsätzliche, bedingungslose Treue Gottes aus, die seiner gesamten Schöpfung gilt.

5.6 Rechtfertigung als »Definition des Menschen«

Die Botschaft von der »Rechtfertigung allein durch Glauben« ist innerhalb des Christentums keineswegs eine unter vielen. Für Luther und die Kirchen der Reformation bildet sie vielmehr das Zentrum des christlichen Glaubens. Denn in ihr kommt in letzter Zuspitzung zum Ausdruck, was das Evangelium von Jesus Christus für den Menschen bedeutet. Und zugleich wird daran erkennbar, wer dieser rechtfertigende Gott ist, wie er seinen Geschöpfen gegenüber gesinnt ist und mit ihnen umgeht. Es wäre also eine ganz unangemessene Verkürzung, wenn man die Botschaft von der Rechtfertigung allein unter dem Gesichtspunkt der Sündenvergebung verstehen und deuten würde. Der »Artikel von der Rechtfertigung« – wie ihn die Reformatoren nannten – beschreibt vielmehr in exemplarischer und grundlegender Weise, wer Gott ist und wer der Mensch ist.

Mit der Erfahrung der Rechtfertigung und ihrer möglichst präzisen theologischen Beschreibung ist deshalb auch das maßgebliche Kriterium gegeben, das jede Art von Glaubenslehre gewichtet und orientiert. So sind etwa die beiden Katechismen Luthers durchgängig in der Perspektive der Rechtfertigung geschrieben, auch wenn das Wort selber gar nicht vorkommt. Der Sache nach aber ist es überall enthalten. Luthers Nachdenken über die Bedeutung des Schöpfungsartikels zum Beispiel ist im Ganzen von der Rechtfertigungslehre her konzipiert – bis hin zu der Wendung »ohn all mein Verdienst und Würdigkeit«, die das Geschaffene als ein Geschenk für den Menschen kenntlich macht (s. Kap. 4.3.1). Ähnliches gilt für andere Glaubensaussagen. Deshalb gilt für Luther insgesamt:

»Der Artikel von der Rechtfertigung ist der Meister und Fürst, der Herr, Lenker und Richter über alle Arten von Lehre; er bewahrt und steuert jede kirchliche Lehre und richtet unser

Gewissen auf vor Gott. Ohne diesen Artikel ist die Welt nichts als Tod und Finsternis.«[28]

Die Aussage greift am Ende sogar deutlich über den kirchlichen Kontext hinaus. Dass die ganze Welt ohne den Rechtfertigungsartikel »nichts als Tod und Finsternis« sei, verweist auf dessen grundlegende anthropologische Bedeutung. Sie zeigt sich zum Beispiel daran, dass ohne das fundamentale Gefühl, angenommen zu sein (und zwar auch in den Momenten des Versagens und der Schuld), das menschliche Leben nicht erblühen kann. In diesem Sinn hat Luther in seiner »Disputation über den Menschen« (1536) diesen durch die Rechtfertigung geradezu »definiert« gesehen:

»Paulus fasst in Röm 3,28 [...] in Kürze die Definition des Menschen dahin zusammen, dass der Mensch durch Glauben gerechtfertigt werde.«[29]

Es ist genau jenes den Glauben kennzeichnende Zusammenspiel von Passivität und Aktivität, das den Menschen auch im Ganzen ausmacht und bestimmt. Das Empfangen ist die grundlegende Dimension seiner Existenz. Aus ihm heraus entwickelt sich jedes eigenständige Handeln. Insofern kann die Struktur des Glaubens als ein Kennzeichen des menschlichen Lebens überhaupt angesehen und begriffen werden.

Doch wie empfängt der Mensch das Evangelium? Er empfängt es, indem er es *hört*. Dem Verständnis dieses ausgesprochen vielseitigen Vorganges dienen die folgenden Überlegungen.

6 »ANS HERZ GELEGT« – DEM EVANGELIUM BEGEGNEN

Denn weder du noch ich könnten jemals etwas von Christus wissen noch an ihn glauben und ihn zum Herrn bekommen, wenn es uns nicht durch die Predigt des Evangeliums vom Heiligen Geist vermittelt und ans Herz gelegt würde.

Hören und Hören sind zweierlei. Das lehrt schon die alltägliche Erfahrung. Man kann bestimmte Worte hören und sie doch nicht wahrnehmen. In vielen Fällen ist das auch gut so. Das pausenlose mediale Hintergrundrauschen unserer Zeit, in dem sich die Stimmen überschlagen, wäre kaum zu ertragen, würden wir nicht – bewusst oder unbewusst – das Meiste davon an uns vorbeiziehen lassen. Doch selbst wenn die Sinne gezielt geschärft werden, bedeutet das noch nicht, dass das, was wahrgenommen wird, auch eine innere Wirkung entfaltet. Man kann zum Beispiel genau verstehen, was der Satz »Jesus Christus ist Gottes Liebe in Person« (s. Kap. 4.3.2) seinem Sinn nach bedeutet – und dennoch bleibt er ohne Widerhall im Herzen. Wirklich bedeutsam wird er nur, wenn in irgendeiner Weise das eigene Leben davon berührt wird. Erst damit kann ich mich auf das Evangelium einlassen; und es beginnt, mir meine eigene Existenz zu deuten.

6.1 Das Hören des Wortes und das Wirken des Geistes

Das Evangelium muss dem Menschen im genauen Sinne des Wortes *einleuchten*, damit es zur Wahrheit seines Lebens werden und er also glauben kann. Auf diesen Vorgang hebt die eingangs zitierte Aussage Luthers[1] ab, die sich auf das Wirken des Heiligen Geistes durch das Evangelium bezieht. Wie kann der so bezeichnete Zusammenhang verständlich gemacht werden?

6.1.1 »Wo und wann er will« – unverfügbares Erkennen

Dass uns etwas erst einleuchten muss, bevor es für uns Bedeutung erhalten kann, kennzeichnet nicht nur das Zustandekommen des Glaubens; es trifft im Grunde für jeden Erkenntnisvorgang zu. Dieser schließt immer ein Moment des Unverfügbaren ein. Man kann sich zwar durch gedankliche Anstrengung auf eine bestimmte Erkenntnis zubewegen; diese zu erzwingen, das ist jedoch nicht möglich. Sie bleibt einem so lange verschlossen, bis sich die Sache selber klar und durchsichtig zeigt. Dadurch wird sie evident, das heißt: einsichtig, begreifbar.

Was vielleicht kompliziert klingt, ist in Wahrheit ein alltäglicher Vorgang. Man kann es sich am Beispiel der Such- bzw. Vexierbilder verdeutlichen, in die versteckt bestimmte Formen oder Figuren eingezeichnet sind. Lange Zeit kann man konzentriert hinsehen, das Blatt hin- und herwenden, in Gedanken alle möglichen Verbindungen durchspielen – und doch ergibt sich kein sinnvolles Bild, nimmt man nichts als Striche oder Linien wahr. Bis einem, vielleicht bei einem flüchtig dahingeworfenen Blick oder durch einen deutenden Hinweis, das Gesuchte (etwa die Gesichtszüge einer alten Frau oder eines jungen Mädchens) mit einem Mal klar vor Augen tritt. Im Letzten ist das Zustandekommen dieses Augenblicks, in dem wir erkennen, nicht erklärbar. Wir können ihn vorbereiten und ermöglichen, wir verfügen jedoch nicht über ihn. Doch wo immer sich das Erkennen einstellt, geht dem Menschen ein Licht auf.

Dieser Moment, in dem uns ein Licht aufgeht, ist nicht selten verbunden mit wichtigen, wegweisenden Entdeckungen für das eigene Leben. Er kann sich auch einstellen im Blick auf Ereignisse, die uns in ihrer Bedeutung rätselhaft vorkommen oder sogar in Krisen stürzen. Warum hat diese Krankheit gerade mich ereilt? Was ist der Sinn all der Schmerzen, der Erfahrung von Ohnmacht, die mein bisheriges Leben durchkreuzen? Eine Antwort auf solche bohrenden Fragen lässt sich nicht verordnen, weder von außen noch von innen. Sie kann sich einem Menschen auch lange Zeit oder überhaupt entziehen. Doch sie kann sich eben auch als erhellende Einsicht einstellen, durch die der Blick auf das eigene Leben gewandelt und dieses neu ausgerichtet wird. Oft erwachsen solche produktiven Klärungsprozesse aus behutsam wahrnehmenden Gesprächen, in denen Dimensionen aufleuchten, die mir bislang verschlossen geblieben sind. Ohne diese Auseinandersetzung käme eine Erkenntnis, die mir etwas Neues eröffnet, gar nicht zustande. Doch es gibt keine Garantie dafür. Es ist eine Möglichkeit, nicht mehr, aber auch nicht weniger. Dass sie zur Wirklichkeit wird, steht nicht in des Menschen Hand. Es ereignet sich: in den Worten und Gesten, mit ihnen und durch sie hindurch. Wo mir dann in dieser Weise etwas aufgeht, verbinden sich damit Gefühle der Erleichterung und der neu gewonnenen Zuversicht.

Man muss sich diese Zusammenhänge vor Augen führen, um nachvollziehen zu können, worauf die theologische Rede vom *Wirken des Heiligen Geistes* abzielt. Es geht genau um ein solches Erkennen, das niemals ohne einen äußeren Anhalt ist, das jedoch selbst erst hervorgerufen werden muss. Der Anlass und der Rahmen, in dem der Geist Gottes wirkt, ist das lebendige Wort des Evangeliums. Und seine Wirkung besteht darin, dass er dem Menschen die Bedeutung des Evangeliums für sein eigenes Leben erschließt. Der Heilige Geist legt es ihm, bildlich und mit Luther gesprochen, »ans Herz«. Das ist eine Erfahrung, die mit jedem tiefen Erkenntnisvorgang vergleichbar ist. Insofern kann die Lehre vom Wirken des Heiligen Geistes auch in einer Weise beschrieben werden, die allgemein nachvollziehbar ist. Doch wird in ihr zugleich festgehalten, dass dieses Erkennen nicht auf den Zufall oder ein blindes Schicksal zurückzuführen ist. Es verdankt sich vielmehr Gott selbst. Er erschließt dem Menschen durch seinen Geist die Wahrheit des Evangeliums, lässt sie in seinem Herzen aufgehen. Dadurch erlangt sie Bedeutung für das eigene Lebensgefühl und Wirksamkeit für die aus ihm erwachsende Lebensführung.

Die Einsicht in den wesentlichen Zusammenhang, in dem das Evangelium mit dem Wirken des Heiligen Geistes steht, ist zentral für die reformatorische Theologie insgesamt. Im fünften Artikel der Augsburger Konfession (1530) hat sie Melanchthon in die bekannte Formel gefasst, dass der Heilige Geist durch das Evangelium den Glauben wirkt, »wo und wann er will« (s. Anhang). Die Aussage unterstreicht einerseits das für den Menschen Unverfügbare dieses Geschehens: Es muss ihm durch Gottes Geist eröffnet werden. Zugleich aber weist sie darauf hin, dass dieser Geist eben *in* der Begegnung mit dem Evangelium weht und nicht unmittelbar oder an ihm vorbei. »Wo und wann er will«, heißt nicht »überall und beliebig«. Diese Abgrenzung ist deshalb wichtig, weil sonst mit jeder Inspiration, die jemand erfährt, eine (göttliche) Autorität beansprucht werden könnte, die nicht weiter überprüfbar wäre; sie entzöge sich jeder kritischen Reflexion und Diskussion. Deshalb legen die Reformatoren so großes Gewicht auf die Feststellung, dass wir den Geist Gottes nicht empfangen »*ohne* das leibliche Wort des Evangeliums«. Das Evangelium ist das Kriterium dafür, ob der Mensch von etwas ergriffen wird, das »Heiliger Geist« genannt zu werden verdient.

6.1.2 »Erkenntnis des Herzens« – äußeres und inneres Wort

Luther erfasst diesen Zusammenhang nun mit einer für seine Theologie grundlegenden Differenzierung: der Unterscheidung von *äußerem und innerem Wort*. »Äußeres« Wort ist hierbei nicht zu verwechseln mit »äußerlichem« Wort, sofern damit eine bloß nachrangige, sekundäre Größe gemeint ist. Das Gegenteil ist der Fall. Das »äußere Wort« ist nichts anderes als die Botschaft des Evangeliums, die dem Menschen in unterschiedlichen Formen begegnet: in der persönlichen Ansprache, in Erzählungen und Gedichten, aber auch in Bildern und nicht zuletzt in der Musik. Die gesamte Schöpfung kann in diesem Sinne zum Anlass der Begegnung mit dem äußeren Wort werden. Seine inhaltliche Prägnanz und Klarheit gewinnt es für Luther freilich allein aus den Worten der Heiligen Schrift, dem Ursprungsdokument des Evangeliums.

Das Evangelium kann jedem Menschen zunächst in einer äußeren Weise begreiflich werden. Das bezeichnet Luther als *äußere Klarheit* der Schrift. Sie entsteht dann, wenn die Botschaft des Evangeliums in ihrem ursprünglichen Sinn und in ihrer Bedeutung für das gegenwärtige Leben verstanden und verkündigt wird. Luthers Deutung des Ausdrucks »Gerechtigkeit Gottes« in seinem biblisch-theologischen Sinn (s. Kap. 5.3) fällt zum Beispiel in diese Kategorie. Jede eingehende (auch wissenschaftliche) Auseinandersetzung mit den biblischen Überlieferungen dient dieser äußeren Klarheit, die ihren inhaltlichen Bezugspunkt wiederum in dem hat, was »Christus treibet« (s. Kap. 4.3.2). Der spezifische Auftrag der Kirche wie jedes Christenmenschen besteht darin, das Evangelium in dieser äußeren Dimension so klar wie möglich zu erfassen, zu leben und damit insgesamt zu bezeugen. Mehr ist nicht möglich. Nicht nur das: Mehr zu wollen, wäre sogar gefährlich. Es würde einen Übergriff auf jene Sphäre des Menschen darstellen, die sein Zentrum ausmacht.

Die *innere Klarheit* des Evangeliums bildet sich im Herzen aus. Und dessen soll, ja darf sich niemand von außen bemächtigen. Es ist in dem, was es bewegt, im Letzten sogar dem eigenen Zugriff entzogen. Die innere Klarheit kann nur ungezwungen entstehen. Sie geht dem Menschen als Wirkung des Heiligen Geistes auf, durch die ihm das Evangelium als *Wahrheit des eigenen Lebens* einleuchtet.

»Es gibt eine doppelte Klarheit der Schrift, [...] eine äußere, durch die Hilfe des Wortes geschaffen, eine andere in der Erkenntnis des Herzens gelegen. Wenn Du von der inneren Klarheit sprichst, so wird kein Mensch eines einzigen Buchstabens in der Schrift gewahr, wenn er nicht den Geist Gottes besitzt.«[2]

Genau in dieser »Erkenntnis des Herzens« wird in Luthers Verständnis das äußere zum inneren Wort.

6.1.3 Hören als »Leib des Glaubens«

Kann der Mensch, so möchte man fragen, überhaupt etwas dazu beitragen, dass in dieser Weise das äußere zum inneren Wort wird? Er kann *hören*, nicht mehr, aber auch nicht weniger. Darin entspricht der Mensch dem Zuspruch des Evangeliums. »Das Hören ist«, mit einer schönen Bezeichnung von Michael Trowitzsch, »der Leib des Glaubens.«[3] Diesen Zusammenhang stellt auch Luther immer wieder nachdrücklich heraus. Der Glaube lebt aus dem Hören auf das »lebendige Wort« des Evangeliums. Und dabei ist nicht nur an solche Situationen zu denken, in denen tatsächlich gesprochen und zugehört wird, wie es zum Beispiel in der gottesdienstlichen Predigt geschieht. An die denkt Luther natürlich auch und vermutlich sogar an erster Stelle. Doch das Hören des Wortes umfasst viel mehr, und zwar sowohl was das »Hören« als auch das »Wort« anbelangt. Beide Ausdrücke bezeichnen nicht nur konkrete Vollzüge, sie haben zugleich einen darüber hinausweisenden grundsätzlichen Sinn.

Dass das Hören so prominent hervorgehoben wird, ergibt sich theologisch aus dem Bezug auf das Wort, das gehört werden will. Doch es ist auch *anthropologisch* bedeutsam. Das Gehör ist nämlich der in jeder Hinsicht sensibelste Sinn, der dem Menschen gegeben ist. Wir sehen lange nicht so gut, wie wir hören können, auch wenn uns das in der Fixierung auf die Fülle der uns umgebenden Bilder oft aus dem Bewusstsein gerät. Das Ohr ist das erste Sinnesorgan, welches der Fötus im Mutterleib ausbildet, und es ist der letzte Sinn, der im Prozess des Sterbens entschwindet. »Nach jedem denkbaren Parameter ist unser Ohr dem Auge überlegen. Es ist sensibler, genauer, schneller, leistungsfähiger, weniger täuschungsanfällig.«[4] In seiner Feinfühligkeit ist das Gehör beispielhaft für die Empfänglichkeit des Menschen überhaupt. Durch sie können wir spürend wahrnehmen, werden wir offen und ansprechbar. Neben dem Hören ist also natürlich auch das Sehen zu nennen, ebenso wie das Riechen, Schmecken und Tasten. Aber auch die Tätigkeiten des Verstandes gehören dazu, mit denen wir Eindrücke ordnen und in den Kanon unserer Kenntnisse einfügen. Das Empfangene wird dadurch bedeutsam und »sprechend«; es tritt ein in den Umkreis der uns erschlossenen Lebensbedingungen. Das Hören steht exemplarisch für das gesamte Wahrnehmungsvermögen des Menschen. In ihm konzentriert sich auf empfindsamste Weise die empfangende Dimension des menschlichen Daseins. »Hören« ist also *Vorgang und Metapher* zugleich; es steht für die Sinnlichkeit und Leiblichkeit des Menschen im Ganzen. In diesem Sinn kann auch der Taube das Wort »hören«.

Im Rahmen unserer Sinnlichkeit sind wir durch das Wort Gottes ansprechbar. Das ist gemeint, wenn die Reformatoren dezidiert vom »*leiblichen* Wort des Evangeliums« reden. Analog zum Hören schließt nun auch das Wort verschiedene Dimensionen ein. Das gesprochene, geschriebene oder gelesene Wort hat dabei den Vorzug, dass es relativ eindeutig ist. Zwar kommt es auch hier immer wieder zu Irritationen und Missverständnissen. Doch redend ist es möglich, Dinge oder Sachverhalte zu klären und ein Einverständnis zu erzielen. Das gilt ebenso für die Kommunikation des Evangeliums. Im Medium des Wortes erlangt es seine größtmögliche Klarheit. Doch das »Wort« ist im reformatorischen Verständnis nicht nur ein *Medium* der Kommunikation, sondern zugleich ein *Sinnbild* für sie. Es schließt sämtliche Gestalten und Ausdrucksformen ein, in denen die befreiende Dimension des Evangeliums den Menschen erreicht. Das kann zum Beispiel eine segnende Geste oder eine liebevolle Berührung sein. Auch die tragen worthafte Züge und können zum »beredten« Zeugnis bedingungsloser Zuwendung werden. Das leibliche Wort des Evangeliums meint im weitesten Sinn alles, was der Mensch sich nicht selber zu sagen oder zu geben in der Lage ist, weil es ihm nur eröffnet werden kann. Im Wort des Evangeliums *begegnet* er der Wirklichkeit Gottes. Und dies wirkt zurück auf die Erfahrung der eigenen Leiblichkeit. »Ach, deine tauben Ohren, dein dumpfer Kopf, dein flackernder Verstand, dein verschrumpftes Herz!«[5] *Friedrich Nietzsches* Klage beschreibt persönliche Verkrümmungen, die in keiner Lebensgeschichte ausbleiben dürften. Sie können durch die Begegnung mit dem Evangelium gelockert und gelöst werden. Es erschließt dem Menschen seine Existenz neu, mit »Leib und Seele, Augen, Ohren und allen Gliedern, Vernunft und allen Sinnen«. Wo es zu Herzen geht, verbindet sich im Hören des Wortes die Freude an Gott mit der Lust zu leben.

Das Evangelium begegnet dem Menschen also in vielfältiger Weise. Für Luther haben dabei drei Formen einen besonderen Stellenwert: die Musik, das Bild und das Wort. In ihrer jeweils eigenen Art können sie zum äußeren Wort werden, das auf innere Aneignung gerichtet ist.

6.2 »Die freie Kunst Musica«

Die *Musik* ist im Blick auf das Evangelium die offenste und am wenigsten spezifische Form. Sie hat ihr Eigenleben, folgt ihren besonderen Gesetzen und lässt bei den Ausführenden wie den Hörenden eine eigene emotionale Welt entstehen. Nicht zuletzt das macht sie für Luther attraktiv. Seine Äußerung über den von ihm bewunderten Komponisten Josquin des Préz (1450/55-1521) verdeutlicht seine Hochschätzung der Musik: »Er ist der Noten Meister, die habens machen müssen, wie er wollte; die anderen Sangesmeister müssens machen, wie die Noten wollen.« In diesem anerkennenden Urteil (samt dem ironischen Seitenhieb) kündigt sich nicht nur die Entdeckung des Komponisten als eines eigenständigen Künstlers an; es qualifiziert insgesamt die Musik als freies Spiel. Sie ist für Luther die »freie Kunst Musica«. Zur Ausdrucksform, die dem Evangelium entspricht, kann sie gleichwohl und gerade wegen ihrer emotionalen Wirkung werden:

»Ich urteile rundheraus und scheue mich nicht zu behaupten, dass es nach der Theologie keine Kunst gibt, die der Musik gleichgestellt werden könnte. Sie allein bringt nach der Theologie das zuwege, nämlich ein ruhiges und fröhliches Herz.«[6]

Wichtig wird die Musik besonders in jenen Augenblicken, in denen der Mensch geängstigt und angefochten ist. Dann kann sie zum Medium werden, in dem das Herz anders »gestimmt« und affektiv neu ausgerichtet wird:

»Darum, wenn Ihr traurig seid, und es will überhandnehmen, so sprecht: Auf! Ich muss unserm Herrn Christo ein Lied schlagen auf dem Regal [Kleinorgel] ... Und greift frisch in die Claves [Saiten] und singet drein, bis die Gedanken vergehen ... Kommet der Teufel wieder und gibt Euch eine Sorge oder traurige Gedanken ein, so wehret Euch frisch und sprecht: Aus, Teufel, ich muss jetzt meinem Herrn Christo singen und spielen.«[7]

»Aus, Teufel!« Er wird verscheucht wie ein bissiger Hund, der sich dann mit eingezogenem Schwanz davonmacht. Zu einer solchen geradezu übermütigen Ironie gegenüber dem, was ängstigt und bedroht, war Luther auch (jedoch gewiss nicht immer!) fähig. Die Musik erscheint ihm dafür als ein hilfreiches, bewährtes Mittel. Und zwar deshalb, weil sie zum Medium einer Hinwendung zu Christus werden kann, die das Gefühl ergreift und beeinflusst. Dem Gesang kommt dabei eine besondere Bedeutung zu. Denn in ihm verbinden sich Wort und Musik unmittelbar. Wobei die Rangfolge für Luther klar ist. Die Musik ist ihm zwar die höchste Kunst, aber eben »*nach* der Theologie«. Deshalb stehen für ihn die Noten letztlich im Dienst des Evangeliums.

In dieser Perspektive sind auch seine eigenen zahlreichen Lieddichtungen zu sehen. Für die Verbreitung der Reformation und überhaupt des evangelischen Gedankengutes haben sie eine Bedeutung, die gar nicht überschätzt werden kann. Luther hat dabei nicht nur seine Theologie prägnant in Liedtexte gefasst, sondern die Melodien teilweise auch selber komponiert. Und darin erweist er sich durchaus als jemand, dem die Noten folgen müssen.

Als Beispiel mag sein bis heute beliebtes Weihnachtslied »Vom Himmel hoch, da komm ich her« (1539) dienen. Man liest die Worte, und zugleich erklingt im Innern die eingängige

Melodie. Text und Töne verschmelzen zu einer gefühlten Einheit. Allein das spricht für die Qualität des Liedes. Erstaunlich ist aber zudem, wie es Luther gelingt, den Gehalt des Textes in der Tonfolge auszudrücken. Sie bewegt sich im Umfang einer vollen Oktave. Das Lied beginnt mit der höchsten Note »C'«, aus der sich eine erste kurze Phrase mit vier Noten entwickelt. Diese steigt in drei Tönen nach unten und mit dem letzten Ton einen Schritt nach oben; damit setzt sie präzis die innere Bewegung der Wortfolge »Vom Him-mel hoch« musikalisch um. Die Worte »da komm ich her« gehen wieder zurück in die Höhe, verweisen melodisch auf den Ausgangspunkt des Ganzen. So interpretieren sich Wort und Gesang auch im Fortgang gegenseitig. Die Töne bleiben und schweben dabei ständig im Zwischenraum der Oktave. Erst mit der abschließenden Phrase – einer nach unten steigenden Tonleiter, welche die ganze Oktave durchmisst – wird mit dem letzten Ton »C« auch der tiefste erreicht. Die Melodie zeichnet also eine Gesamtbewegung, die sukzessive von oben nach unten gerichtet ist. Es ist die musikalische Darstellung einer Niederkunft. *Und darin repräsentiert die Musik nicht nur die himmlische Erscheinung des verkündigenden Engels, sondern überhaupt die weihnachtliche Botschaft der Menschwerdung Gottes.*

Für Luther war die Musik eine »Gabe Gottes«, eine »himmlische Kunst«, in welcher sich die Harmonie der göttlichen Schöpfung klanglich abbildet und widerspiegelt. Diese Einschätzung können wir vorbehaltlos heute sicher nicht mehr teilen. Auch die Musik partizipiert an den Brüchen und Abgründen des Lebens. »Zerbrochen ist die Klaviatür …« – das eindringliche Bild *Else Lasker-Schülers* in ihrem Gedicht »Mein blaues Klavier« bringt das zum Ausdruck. Die Musik, wie überhaupt die Kunst, stellt auch die Verwerfungen dar, die eine Zeit ausmachen. Darin bleibt sie authentisch. Zugleich aber behält die Musik in wunderbarer Weise ein

Potential, das etwas Lösendes und Befreiendes hat. Im Medium der Musik kann die Seele Fassung und Halt bekommen. Was auseinanderdriftet oder auseinanderfällt, wird in Klängen, Worten und Melodien aufgehoben; es beginnt, sich neu zusammenzufügen. Und in besonderen Augenblicken stellt sich eine wunderbare »Leichtigkeit des Seins« ein. Das macht die Musik zu einer »Kunst des Friedens«, wie es Luther zusammenfassend auch sagen kann (s. Anhang). Vielleicht ist das überhaupt sein schönster Gedanke, den er zu ihr geäußert hat.

6.3 »Das Bild dir tief ins Herz fassen«

Des Weiteren begegnet das Evangelium im *Bild*. Luther unterstreicht dies, weil er darin einen Zusammenhang erkennt, der ganz grundsätzlich für die menschliche Wahrnehmung kennzeichnend ist. Mit einem Wort, das sich uns in seiner Bedeutung erschließt, ist nämlich immer auch ein inneres Bild verbunden. Höre ich etwa einen Namen, wird er für mich dann (und nur dann) bedeutungsvoll, wenn sich mit ihm eine bestimmte Person verbindet, die als Bild in mir erscheint. Diese innere Visualisierung hat nicht nur kognitive, sondern zugleich emotionale Qualität. Denn mit dem Bild tauchen auch jene Gefühle auf, die sich mit der Beziehung zu dieser Person verbinden: angenehme und lustvolle oder verstörende und bedrängende. Die Bilder können sich so zu inneren Szenen erweitern, die wesentliche Momente in der Geschichte zwischen den Menschen in Erinnerung rufen. Bilder in diesem Sinne sind also immer Reflex und Ausdruck eines Erlebens, in das ich selber einbezogen bin. Sie gehören unauflöslich zu der Art, wie ich meine Existenz in der Welt wahrnehme.

Für die Begegnung mit dem Evangelium gilt das ebenso. Es löst unweigerlich bestimmte Bilder aus, die inhaltlich noch enger mit dem Wort verbunden sind, als es die Musik sein kann. Das gilt auf jeden Fall dann, wenn der Mensch bereits eine Geschichte mit jenen Aussagen hat, die ihm im Evangelium entgegenkommen. Das ist der Hintergrund jener bekannten Aussage, mit der Luther den unmittelbaren Zusammenhang von Wort und Bild verdeutlicht:

»So weiß ich auch gewiss, dass Gott haben will, man solle seine Werke hören und lesen, insbesondere das Leiden Christi. Soll ichs aber hören oder daran denken, so ist mirs unmöglich, dass ich nicht in meinem Herzen Bilder davon machen sollte. Denn ich wolle oder wolle nicht: Wenn ich von Christus höre, so entwirft sich in meinem Herzen das Bild eines Mannes, der am Kreuze hänget, gleichwie sich mein Antlitz auf natürliche Weise im Wasser abzeichnet, wenn ich drein sehe. Ists nun nicht Sünde, sondern gut, dass ich Christi Bild im Herzen habe; warum sollts Sünde sein, wenn ichs vor Augen habe?«[8]

Man kann zu Recht fragen, ob der Vergleich mit dem natürlichen Spiegelbild im Wasser wirklich treffend ist. Er geht jedenfalls insofern an der Sache vorbei, weil es ja das eigene Antlitz ist, dessen der Mensch so gewahr wird, während das Wort »Christus« eben ein ganz anderes Bild in ihm auslöst. Die eigentliche Intention von Luthers Analogie besteht jedoch darin, dass sie den unausweichlichen Zusammenhang zwischen dem Wort und der »Anschauung eines inneren Bildes«[9] klar macht. Es stellt sich ein, ob ich will oder nicht. Das Entstehen solcher innerer Bilder widerfährt dem Menschen passiv; er kann es nicht verhindern, sondern sich damit nur auseinandersetzen.

Diese allgemeine Erfahrung trifft genauso im religiösen Kontext zu. Auch hier ist jedes Erkennen notwendig mit Bildern oder Szenen verbunden. Dabei ist es für Luther nicht entscheidend, ob das Bild Christi innerlich entsteht oder äußerlich »vor Augen« steht. In beiden Fällen kann es zum Anlass einer vertiefenden Betrachtung werden. Historisch stehen hinter dieser Sicht die heftigen Auseinandersetzungen mit den »Bilderstürmern« um den Wittenberger Professor Karlstadt. Der Reformator grenzt sich von ihnen schon wegen ihrer massiven Gewaltanwendung ab, die dem Geist des Evangeliums widerspricht. Vor allem aber verkennen sie, dass das biblische Bilderverbot nicht bereits dadurch erfüllt wird, dass äußere Darstellungen des Göttlichen abgetan werden. Man kann auch innerlich Bilder »anbeten«, sie also für Gott selbst halten und damit zum Abgott machen. Das Verbot, sich in dieser Weise ein Bild von Gott zu machen und ihn darin zu fixieren, geht vor allem das Herz an. Das ist für Luther der entscheidende Gesichtspunkt. Bilder können – wie Worte! – zeichenhaft auf das Göttliche verweisen, ohne es selbst zu sein; sie bezeugen es, rufen es ins Gedächtnis. Darin werden sie zu *Sinnbildern* für die Geschichte Gottes mit den Menschen.

Die Bedeutung solcher Bilder zeigt sich für Luther vor allem in ihrer das Herz berührenden emotionalen Kraft. Am schönsten und dichtesten hat er das vielleicht in der »Kirchenpostille« (1522) beschrieben, in der er die biblischen Lesungen des ganzen Kirchenjahres auslegt und meditiert. In dem betreffenden Text taucht wiederum der Vergleich mit dem »Wasser« auf, hier jedoch in einer stimmigen, auf den Menschen selber bezogenen Analogie:

»Gleichwie die Sonne in einem stillen Wasser gut zu sehen ist und es kräftig erwärmt, kann sie in einem bewegten, rauschenden Wasser nicht deutlich gesehen werden, auch erwärmt sie es nicht so sehr. Darum willst du auch erleuchtet und warm werden durch das Evangelium, göttliche Gnade und Wunder sehen, dass dein Herz entbrannt, erleuchtet, andächtig und fröhlich werde, so gehe hin, wo du still sein und das

Bild dir tief ins Herz fassen kannst, da wirst du finden Wunder über Wunder.«[10]

Das Bild dir tief ins Herz fassen – diese wunderbare Metapher verdeutlicht, worum es bei der Anschauung eines Bildes geht. Es will, im tiefsten Sinne des Wortes, verinnerlicht werden. Das setzt eine Situation voraus, in der ich ruhig werden und für einen Moment von allem lassen kann, was mich sonst umtreibt und bewegt. Meditation bedarf der Stille und konzentrierter Gelassenheit. Dies verdeutlicht der Vergleich mit dem Wasser, das ruhig werden muss, damit es die Sonne unverzerrt spiegeln und von ihr erwärmt werden kann. Um genau eine solche Wirkung geht es Luther im Blick auf das menschliche Herz. Es soll erwärmt, entzündet, erleuchtet, fröhlich gestimmt werden. Das ist nur möglich, wenn ich mich auf das Bild ganz einlasse. Indem das geschieht, erschließen sich mir in seiner ungestörten Betrachtung dann immer mehr Facetten, welche die Intensität der Wahrnehmung noch steigern: »… da wirst du finden Wunder über Wunder«.

Beileibe nicht jedes Bild hat diese Wirkung, und erst recht nicht jedes verdient eine solche Aufmerksamkeit. Es gibt auch Bilder oder Szenen, die das Herz erstarren lassen und den Blick in einer üblen Weise fesseln. Von ihnen muss man sich wieder lösen, um sich frei zu fühlen. An solche Eindrücke ist hier freilich nicht gedacht. Es ist das Bild des *Evangeliums*, das in den Mittelpunkt gestellt wird. Ihm spricht Luther diese beglückende Wirkung auf das Herz des Menschen und damit auf sein Lebensgefühl zu. Der Vergleich mit dem Wasser, das von der Sonne beschienen wird, gewinnt dabei noch eine zusätzliche, wichtige Bedeutung. Gewärmt und zum Spiegel der Sonne wird das Wasser nämlich nur, wenn es ihren Strahlen ausgesetzt ist. Es ist ein passiver Vorgang. Er verdeutlicht, wie das Bild des

Evangeliums das menschliche Herz trifft und sich in ihm ausbreitet. Ich kann mich ihm nur aussetzen, kann es nur *wirken lassen*. Die meditierende Betrachtung wird damit – je länger, je mehr – zu einem Vorgang des Empfangens. Ich deute nicht das Bild, sondern das Bild deutet mich. Es nimmt mich hinein in seine Wirklichkeit und erschließt mir dadurch meine eigene Existenz neu.

Luther hat hier übrigens ein konkretes Bild vor Augen. Sein Text steht im Zusammenhang seiner Meditation zur Weihnachtsgeschichte (Lk 2,1-14). Es ist das Kind in der Krippe, in dessen Betrachtung »Wunder über Wunder« entdeckt werden können. Doch gilt, was er beschreibt, für jedes Bild, in dem das aufleuchtet, was Evangelium heißt. Es scheint ins Herz.

6.4 »Sei stille und höre zu«

Schließlich noch einmal: das *Wort*. Seine grundsätzliche Bedeutung als Medium und Sinnbild der Kommunikation des Evangeliums wurde bereits dargestellt (s. Kap. 6.1.3). An dieser Stelle geht es nun um die Art, wie sich der Mensch das Wort zu eigen machen kann, so dass es für ihn eine das Leben bestimmende Dimension erhält. Dieser Vorgang trägt Züge, die der vertiefenden Betrachtung eines Bildes ähneln, sich jedoch in einem eigenen Bezugsrahmen entwickeln. Der ist, verglichen mit der Musik und dem Bild, am klarsten umrissen. Doch kann eben dies den Menschen für Gott weitestgehend öffnen.

In seiner Schrift »Eine einfältige Weise zu beten, für einen guten Freund« (1535) empfiehlt Luther einen *vierfachen Umgang* mit den elementaren Texten der biblischen und christlichen Überlieferung. Dieses Verfahren, das er »ein vierfach gedrehtes Kränzlein« nennt, kennzeichnet – wie er ausdrücklich betont – auch seine eigene spirituelle Praxis.

Demgemäß kann ein Wort, ein Satz oder ein Gedanke immer in vier verschiedenen Hinsichten bedacht werden: als *Lehre*, als Anlass zum *Dank*, als Impuls zur *Beichte* und als Inspiration zum *Gebet*. In seiner Abhandlung führt Luther diese Methode beispielhaft an den Zehn Geboten sowie den Aussagen des Credo durch. Sie kann aber natürlich auch auf andere Zusammenhänge angewandt werden. Bei der Lehre geht es um die Vergegenwärtigung des Inhalts eines bestimmten Satzes, etwa das Ersten Gebots. Mit dem Dank wird bedacht und zum Ausdruck gebracht, was mir damit für mein Leben geschenkt ist. Im Lichte dessen führt die Beichte zur kritischen Besinnung auf jene Momente in meinem Leben, in denen ich Gott, dem anderen oder mir selbst etwas schuldig geblieben bin. Im Gebet schließlich erfolgt insgesamt die vertrauende und erneuernde Hinwendung zu Gott, der mir im Wort begegnet.

Der Sinn und das Ziel dieses Umgangs mit dem Wort besteht dabei nicht allein in seiner möglichst umfassenden und vertieften Wahrnehmung. Vielmehr sieht Luther darin zugleich die Vorbereitung auf ein Gotteserleben von eigener Qualität. Er rechnet damit, dass in diesem Vorgang Gott im Heiligen Geist selber zu sprechen beginnt. Mehrfach betont er diese Erwartung. Er beschreibt sie zum Beispiel folgendermaßen:

»Wenn der heilige Geist unter solchen Gedanken käme und anfinge, in deinem Herzen mit reichen, erleuchteten Gedanken zu predigen, so tue ihm die Ehre, lasse jene vorgefassten Gedanken fahren, sei stille und höre dem zu, der's besser kann als du. Und was er predigt, das merke dir und schreibe es auf; so wirst du Wunder erfahren.«[11]

Zweifellos leuchtet in dieser Aussage die *mystische* Dimension in Luthers Spiritualität auf. Die betende Versenkung in

Gott und sein Wort führt im Letzten dazu, alle vorgeformten eigenen Gedanken »fahren« zu lassen. Der Betende hört auf zu denken und zu reden – er wird still, wird seinerseits zum Hörenden, Empfangenden. Dass der Heilige Geist zu »predigen« beginnt, bleibt auch hier ein unverfügbares Geschehen; es wird nicht umsonst im Konjunktiv beschrieben (»käme und anfinge«). Erstaunlich ist aber, dass Luther hier offenbar mit einem »Reden« des Heiligen Geistes rechnet, das nicht mehr in direkter Verbindung mit dem gehörten Wort des Evangeliums stehen muss, sondern dem Hörenden unmittelbar zuteilwird. Weiter kann er, was die Einschätzung des spirituellen Hörens anbelangt, nicht gehen. Freilich ist dabei für ihn klar, dass sich diese religiöse Erfahrung nur in dem Kontext einstellen kann, der durch die Meditation des Wortes Gottes geschaffen wird. Insofern behält das »äußere Wort« auch in diesem Zusammenhang seine maßgebliche inhaltliche Bedeutung. Doch darin kann sich ein Raum auftun, in dem der Mensch dem Heiligen als einer Wirklichkeit begegnet, die ihn tief erfüllt. »So wirst du Wunder erfahren.«

Es sind solche Erfahrungen, welche Mystiker aller Zeiten in unterschiedlichen Kontexten zur Sprache bringen. Auch für spirituell Suchende unserer Tage können Luthers Einsichten von Bedeutung werden. Sie beschreiben ein Leben, das sich insgesamt aus dem Empfangen gewinnt und daraus seine lustvolle Aktivität entwickelt. Es beginnt und endet mit dem Hören, schließt darin alles Weitere ein. Das hat für unsere Zeit Kurt Wolff beispielhaft und eindrücklich in Worte gefasst hat:

»Wer Ohren hat
höre.
Wer Augen hat
höre und sehe.

Wer Hände hat
höre und sehe und tue.
Wer Füße hat
höre und sehe und tue und gehe.
Wer einen Mund hat
höre und sehe und tue und gehe und rede.
Und schweige
und schweige
und schweige –
und höre!«[12]

6.5 »Dass er's uns erkennen lasse« – die Bedeutung des Gebets

Neben dem Hören (und zugleich in ihm) drückt sich im *Gebet* die Hinwendung des Menschen zu Gott aus, die ihn für dessen Wirklichkeit öffnet. Diese für Luthers Verständnis von Spiritualität zentrale Dimension soll abschließend vor Augen geführt werden.

Dass es zum Beten nicht vieler Worte bedarf, betont Luther häufig und gern. Für ihn gilt: »Wenig Worte und viel Meinung [Bedeutung] ist christlich.«[13] Der Gegensatz dazu ist ihm das »Plappern«, das jedenfalls dann kein rechtes Beten ist, wenn sich mit ihm kein echtes Bedürfnis verbindet. Solange das so ist, »stehen wir« – so Luther in sprachlich wunderbarer Polemik – »wie die Ölgötzen da, wissen nichts vorzubringen oder zu klagen. Da klappern die Steine[14], rauschen die Blätter und das Maul plappert: Mehr wird da nicht draus.«[15] In »jeder guten Art von Gebet« hingegen weiß der Mensch um seine existenzielle Bedürftigkeit, in der er sich Gott betend anvertraut.

Luthers eigene Anregungen zum Beten sind denkbar prägnant formuliert und auf das Wesentliche konzentriert. In welchem Zusammenhang sie stehen und worauf sie abzielen, sei beispielhaft an seinem »*Morgensegen*« verdeutlicht:

»Wenn du morgens aufstehst, sollst du dich bekreuzigen und sagen:

›Das walte [gebe, bewirke] Gott Vater, Sohn und Heiliger Geist! Amen.‹

Darauf kniend oder stehend den Glauben und das Vaterunser; wenn du willst, kannst du das folgende kurze Gebet dazu sprechen:

›Ich danke dir, mein himmlischer Vater, durch Jesus Christus, deinen lieben Sohn, dass du mich diese Nacht vor allem Schaden und Gefahr behütet hast, und bitte dich, du wollest mich diesen Tag auch behüten vor Sünden und allem Übel, dass dir all mein Tun und Leben gefalle. Denn ich befehle mich, meinen Leib und Seele und alles in deine Hände. Dein heiliger Engel sei mit mir, dass der böse Feind keine Macht an mir finde. Amen.‹

Und alsdann mit Freuden an dein Werk gegangen und vielleicht ein Lied gesungen, wie zum Beispiel [das Lied] ›die Zehn Gebote‹ oder was deine Andacht dir eingibt.«[16]

Luthers Morgensegen im Ganzen ist auf die regelmäßige Vergegenwärtigung Gottes für das eigene Leben gerichtet. Das ist sein spiritueller Sinn, mit dem er zur Einstimmung in den Tag und insgesamt zum »Morgensegen« wird. Die einleitende Geste, sich zu bekreuzigen, mit der dazu gesprochenen trinitarischen Formel bildet sein Vorzeichen. Es macht deutlich, dass das Folgende in der Besinnung auf Gott und sein Wirken geschieht. Das drückt auch die anschließende Empfehlung aus, zunächst das Glaubensbekenntnis zu sprechen, das auf Gott und seine Verheißungen verweist. Mit dem Credo kommt zur Sprache, was den Glauben begründet und hervorruft (s. Kap. 4.3). Das

Vaterunser schließlich ist für Luther (mehr noch als die Psalmen, denen zeitlebens seine Bewunderung und Liebe galt) das exemplarische Gebet, mit dem sich die Einübung in die christliche Existenz vollzieht. »Noch heute sauge ich am Vaterunser wie ein Kind, trinke und esse von ihm wie ein alter Mensch, kann seiner nicht satt werden.«[17]

Der besondere Stellenwert des Vaterunsers ergibt sich für Luther – neben dem Umstand, dass es auf Jesus zurückgeführt wird (Mt 6,9-13) – vor allem aus zwei Aspekten. Zum einen drückt sich in den sieben Bitten die Angewiesenheit des Menschen konkret und umfassend aus. Aufgrund seiner Bedürftigkeit wendet er sich Gott zu. Zum andern vollzieht sich im konzentrierten Beten des Vaterunsers die bewusste und bewusst machende Aneignung der Zusagen Gottes. Seine Güte wird damit in ihrer Bedeutung für das eigene Leben *erkannt*.

Dass und wie hier beides zusammengeht, zeigt Luther in seinen Auslegungen zum Vaterunser im Kleinen Katechismus, besonders eindrücklich anhand der vierten Bitte um das »tägliche Brot« (s. Anhang). Das »Brot« wird in seiner Deutung zum Sinnbild für »alles, was not tut für Leib und Leben«; es ist also Symbol dessen, was der Mensch für sein Leben braucht. Dazu zählen zu guter Letzt auch »gute Freunde, getreue Nachbarn und desgleichen«. Der eigentliche Sinn der Bitte um das tägliche Brot besteht nun für Luther nicht darin, dass es der Mensch bekommt. Das geschieht »auch ohne unsere Bitte« (wenn es denn – hoffentlich – geschieht!), sogar »allen bösen Menschen«, wie ausdrücklich betont wird. Darin wiederum drückt sich die für Luthers Theologie im Ganzen maßgebliche Einsicht aus, dass Gottes Güte sich nicht am Verhalten des Menschen festmacht (s. Kap. 5.6). Die sich in den Gütern schenkende göttliche Güte dankbar zu erkennen – das ist der wahre Sinn der Bitte: »Wir bitten in diesem Gebet, dass er's uns erkennen lasse und wir mit Danksagung empfangen unser tägliches Brot.« Betend findet also jene Einstimmung des Herzens in Gott statt, in der ein Mensch sein Leben und dessen Bedingungen insgesamt als Gabe begreifen kann. Der Dankbarkeit dafür entspricht es dann, das »Brot« – buchstäblich und im umfassenden Sinn – mit anderen zu teilen.

Mit diesem Motiv der Dankbarkeit eröffnet Luther im Morgensegen auch sein eigenes kurzes Gebet. Der Dank für eine behütete Nacht mündet in die Bitte um Bewahrung am Tag. Sie bezieht sich auf alles, was mein Leben bedrohen und womit ich es selbst gefährden könnte. Und das bedeutet positiv: »Dass dir all mein Tun und Leben gefalle.« Im »Amen« drückt sich die Gewissheit aus, dass solche Worte nicht ins Leere gesprochen sind, sondern dass ihnen eine das Leben aus Gott verwandelnde Kraft innewohnt.

Auf dieser Linie liegt Luthers abschließende schöne Ermunterung: »Alsdann mit Freuden an dein Werk gegangen.« Sie verbindet sich mit der Anregung, noch etwas zu singen. Dass hierbei sein Lied »Dies sind die heilgen zehn Gebot« (EG 231) Erwähnung findet, ist wohl kein Zufall. Es weist noch einmal in anderer Weise darauf hin, was für Luther der tiefe Sinn des Betens ist. Als vertrauensvolle Hinwendung zu Gott ist das Gebet zugleich die Bitte um Stärkung dieses Vertrauens. »Dass er [Gott] uns den Glauben und die Erfüllung der Zehn Gebote gebe, erhalte und vermehre«[18], so benennt er im Großen Katechismus das Ziel und die Hoffnung des Gebets. In ihm wächst dem Menschen die Kraft zu, aus Vertrauen heraus zu leben und zu lieben.

Dass sich das nicht von alleine versteht, ja manchmal sogar kaum möglich erscheint, hat Luther selbst in einem bewegenden Gebet zum Ausdruck gebracht:

»Siehe, mein Herr Christus, da hat mir mein Nächster Schaden zugefügt. Er hat mich in meiner Ehre gekränkt. Er hat sich an meinem Eigentum vergriffen. Das kann ich nicht ertragen. Darum wünsche ich ihm den Tod an.

Ach, mein Gott, lass dir das geklagt sein!

Eigentlich sollte ich ihm verzeihen, aber ich kann es leider nicht! Siehe, wie ich so ganz kalt, ja so ganz erstorben bin. Ach Herr, ich kann mir nicht helfen!

Da stehe ich nun; machst du mich anders, so kann ich nach deinem Willen und nach deiner verzeihenden Liebe handeln. Wenn nicht, dann muss ich bleiben, wie ich bin.

Ich kann nicht anders.«[19]

Ehrlichkeit und die Einsicht in das, was ich selber nicht kann und vermag – auch und gerade das gehört zum Gebet. In ihm muss ich Gott nichts bieten oder beweisen, sondern es besteht wiederum selber in der Bereitschaft zu empfangen. Durch das Gebet kann in mir die verwandelnde Kraft der göttlichen Liebe Raum greifen und auf mein Leben ausstrahlen. Auch das bleibt dem Menschen letztlich unverfügbar. Im Gebet aber wird es zu einer Möglichkeit seines Lebens.

Am deutlichsten tritt Luthers Gebetsverständnis im Rahmen jener Trias zutage, die er insgesamt als Kennzeichen christlicher und theologischer Existenz angesehen hat: *»Oratio, Meditatio, Tentatio«*[20] – Gebet, Meditation, Anfechtung. Das Gebet ist die Einübung in das christliche Leben, die in der verinnerlichenden Betrachtung des Wortes Gottes ihren Anhalt findet und sich in den Widersprüchen des eigenen Lebens bewährt. Und wiederum sind es seine Anfechtungen, welche den Menschen an Gott verweisen. Indem sie betend zur Sprache gebracht werden, verlieren sie ihre lähmende Macht. Im Gebet gewinnt der Mensch sein Leben aus Gott – täglich neu.

Einer solchen Einübung in das Leben eines Christenmenschen dient auch Luthers Morgensegen. Seine konkrete praktische Bedeutung ist heute freilich weithin verblasst. Sein liturgisches Gewand dürfte zudem vielen fremdartig erscheinen. Am ehesten noch mag die Wendung »dein heiliger Engel sei mit mir« einen sprachlichen und emotionalen Anknüpfungspunkt für das religiöse Empfinden der Gegenwart bieten. Doch es kann sich lohnen, sich auf einen spirituellen Impuls, wie ihn der Morgensegen darstellt, wieder einzulassen. Denn selbst wenn anders meditiert wird und andere Gebete gesprochen oder andere Lieder gesungen werden (»... oder was deine Andacht dir eingibt«) – es kann daraus jene Freiheit erwachsen, die Luther als die »Freiheit eines Christenmenschen« bezeichnet.

7 ZUR FREIHEIT BEFREIT – DIE »FREIHEIT EINES CHRISTENMENSCHEN«

Ein Christenmensch ist ein freier Herr über alle Dinge und niemandem untertan.
Ein Christenmensch ist ein dienstbarer Knecht aller Dinge und jedermann untertan.

Die Freiheit hat sich Luther in seinen Namen eingeschrieben. Als Martin »Luder« geboren und aufgewachsen, veränderte er selbst (darin dem humanistischen Brauch seiner Zeit folgend) seinen Nachnamen in »Luther«. Sprachlich fließt in diesen Wechsel das griechische Wort »eleutheros« (frei, unabhängig) ein. Motiviert ist die Änderung des Namens durch das neue Freiheitsbewusstsein seines Trägers: Aus Luder wird – in der Wortverschmelzung mit dem griechischen »Eleutherius« – Luther, der Freie.

Das Datum, mit dem dieser Name erstmals nachweisbar ist, könnte symbolischer nicht sein. Als »Martin Luther« unterschrieb der Reformator jenen Brief vom 31. Oktober 1517, mit dem er dem Erzbischof von Mainz seine »95 Thesen« schickte. Und das dürfte kein Zufall gewesen sein. »Wenn es glaubhaft ist, dass sich Luther zu dem ›Schritt‹, den er am 31.10. tat, durchringen musste, dann ist es auch plausibel, dass er es als immense Erleichterung und Befreiung empfand, als er sich schließlich durchgerungen hatte […] Insofern spiegelt sich in dem veränderten Namen eine von Luther selbst konstruierte oder gar empfundene biographische ›Wende‹.«[1]

Dieses in ihm erwachte Freiheitsbewusstsein hat Luther nicht nur empfunden, sondern auch inhaltlich entfaltet. Erstmalig geschieht das in seiner Schrift »Von der Freiheit eines Christenmenschen« (1520). Ihr Titel ist Programm, mehr noch: Er ist geradezu zum Schlagwort für den Geist der Reformation geworden, der das Lebensgefühl der Menschen weit darüber hinaus beeinflusst und inspiriert hat. *Heinrich Heine* sah mit Luther die »Geistes-« und »Denkfreiheit« in Deutschland einziehen. Denn nunmehr hätten keine kirchlichen Autoritäten mehr das letzte Wort in der Auslegung der Bibel, sondern die Vernunft »war als oberste Richterin in allen religiösen Streitfragen anerkannt«[2]. In der Zeit der Aufklärung und der Romantik wurde Luther zu einem »Freiheitshelden«.[3] Und dieses Bild wirkt bis heute nach.

Er selbst freilich dürfte sich kaum so empfunden haben, obwohl er seinen Namen (und damit sich selbst) in der Freiheit wiedererkannte. Denn zugleich benannte Luther scharf die Grenzen menschlicher Freiheit. Bereits der Titel der anderen, wesentlich umfangreicheren Schrift, die er dem Thema gewidmet hat, drückt das aus: »De servo arbitrio« (1525) – Vom unfreien Willen. Entstanden ist diese Abhandlung in der Auseinandersetzung mit dem großen Humanisten der Zeit, *Erasmus von Rotterdam*. Die vom Reformator energisch, teilweise polemisch geführte Kontroverse dreht sich um die Frage, wie frei der Mensch von sich aus in religiösen Fragen und Entscheidungen ist. Luther argumentiert: Er ist darin nicht frei, sondern grundsätzlich abhängig von dem, was ihm als (religiöse) Wahrheit seines Lebens aufgegangen ist. Freiheit wird damit zu einem Raum, der dem Menschen zuallererst eröffnet werden muss, damit er sie erleben und gestalten kann. Der Mensch muss *zur Freiheit befreit* werden. In diesem Sinn bildet das Wort von Paulus – »Zur Freiheit hat uns Christus befreit« (Gal 5,1) – den Angelpunkt von Luthers Freiheitsverständnis, dessen grundlegendes Dokument die Schrift »Von der Freiheit eines Christenmenschen« ist.

Um ihr Verständnis geht es im Folgenden.[4] Und dabei zeigt sich, dass in der Auseinandersetzung mit der Freiheit verdichtet alle jene Fragen und Themen auftauchen, die Luther grundsätzlich bewegt haben. Er selbst hat seine »Freiheitsschrift« deshalb, obwohl äußerlich von geringem Umfang, als »die ganze Summe eines christlichen Lebens« bezeichnet – »so der Sinn verstanden wird«[5]. Was ist ihr Sinn?

7.1 Die Suche nach Erfüllung

Luthers Schrift setzt mit einer Doppelthese ein (s. Anfangszitat oben). Die beiden Sätze sind freilich auf den ersten Blick widersprüchlich; sie scheinen sich gegenseitig auszuschließen. Sie können aber beide zugleich bestehen, wenn man sich klarmacht, dass sie sich auf den Menschen in jeweils verschiedener Hinsicht beziehen.

Vorausgesetzt ist, dass bei jedem Menschen *zwei Sphären* unterschieden werden können: eine *innere* und eine *äußere*. Luther kann die Unterscheidung von »innerlichem« und »äußerlichem« Menschen auch mit den Ausdrücken »Seele« und »Leib« bezeichnen. Der Sinn der Unterscheidung ist dabei immer der gleiche: Es geht im einen Fall um das Verhältnis des Menschen zu Gott, im andern um seine Beziehung zur Mitwelt.

Die *innere Sphäre* des Menschen ist der Bereich, in dem sich die Vorstellung über das Woher und Wozu seines Lebens ausbildet. Aus welchen Überzeugungen heraus jemand handelt, was sie erreichen will, was er erhofft – das alles spiegelt und regt sich in der »Seele«. Der »innerliche Mensch« ist letztlich von der Frage bewegt, wem er vertrauen und wovon er wirkliche Befriedigung erwarten kann. Aus diesem Grund hat er es immer auch mit Gott zu tun (s. Kap. 3.2.2). Luther bringt diesen Zusammenhang zur Sprache, indem er ausführt:

»So müssen wir nun gewiss sein, dass die Seele alle Dinge entbehren kann, ausgenommen das Wort Gottes, und ohne das Wort Gottes ist ihr mit keinem Ding geholfen. Wenn sie aber das Wort hat, dann bedarf sie auch keines anderen Dinges mehr, sondern sie hat in dem Wort Genüge, Speise, Freude, Frieden, Licht, Kunst, Gerechtigkeit, Wahrheit, Weisheit, Freiheit und alles Gute überschwänglich.«[6]

Die Auflistung einer Vielzahl erfüllender Erfahrungen verdeutlicht, dass der Mensch in seiner Seele auf etwas ausgerichtet ist, das ihn wahrhaft befriedigt. Luthers Formulierung ist hier freilich insofern missverständlich bzw. sogar problematisch, da mit der Ausrichtung auf das Wort Gottes alle anderen irdischen »Dinge« vernachlässigbar erscheinen. In der Hinsicht sind seine (späteren) Ausführungen im Großen Katechismus wesentlich klarer (s. Kap. 3.3.2). Denn sehr wohl kann der Mensch im Genuss irdischer Güter Befriedigung erfahren und erst recht im erfreulichen Umgang mit seinesgleichen – am tiefsten in der vereinigenden Erfahrung der Liebe. Doch handelt es sich hierbei, selbst in den zutiefst erfüllenden Momenten, um keine endgültige Befriedigung, die ein letztes Ziel bietet. Letzte Erfüllung ist dem Menschen in der Gemeinschaft mit Gott verheißen. Das ist der Sinn jener Wendung, dass der Seele »ohne das Wort Gottes mit keinem Ding geholfen« ist. Sie stellt keine Abwertung irdischer Glückserfahrungen dar, sondern bewahrt davor, diese religiös zu überhöhen. »Die Seele ist [...] das menschliche Leben in seiner Beziehung zu Gott, das als solches von seiner Beziehung auf alles, was nicht Gott ist, unterschieden zu werden verlangt.«[7]

Die äußere Sphäre des Menschen ist der Bereich, in dem er seiner Mitwelt begegnet und mit ihr aktiv umgehen kann. Es ist die leibliche Sphäre des Menschen, durch die er für seine Nächsten in Erscheinung tritt, überhaupt erst erfahrbar wird. Leiblich nimmt die Person an dem sie umgebenden Leben teil, im überschaubaren privaten Raum wie im weiten Feld des öffentlichen Lebens. Darin wirkt sie handelnd an der Gestaltung ihrer Lebensverhältnisse mit.

Innen und Außen beim Menschen können und müssen zwar unterschieden werden; für beide Sphären ist es aber wesentlich, dass sie *zugleich* bestehen: Der Mensch ist sowohl innerlich als auch äußerlich verfasst, er ist Person gerade in der *Einheit* von Leib und Seele. Das zu betonen ist wichtig gegenüber einer verkürzten Vorstellung von »Innerlichkeit«. Diese liegt vor, wenn der Mensch in der Befriedigung seiner inneren Bedürfnisse sich letztlich selbst genügt. Alle äußeren (zum Beispiel politischen) Belange können dann zur zweitrangigen bzw. vernachlässigbaren Größe erklärt werden. Die Kritik an der christlichen Freiheitslehre mündet nicht selten in diesen Vorwurf falsch verstandener »Innerlichkeit«. Demgegenüber ist aber zu betonen, dass es gerade die inneren Überzeugungen des Menschen sind, die sich auf sein nach außen gerichtetes Handeln auswirken. Woraufhin er in seiner Seele ausgerichtet ist, das zeigt und erweist sich in seinem Tun.

7.2 Der Raum der Freiheit

Die Freiheit des Christenmenschen, die Luther im ersten Satz seiner Doppelthese anspricht, erwächst in der Beziehung des Menschen zu Gott, also in seiner Seele. Es ist eine Freiheit, die der Mensch nicht selbst schaffen, sondern allein im Glauben als Gottes Geschenk erfassen kann.

7.2.1 Seele und Herz

Mit dem Ausdruck »Seele« wird eine Sphäre im Menschen angesprochen, über die er nicht direkt verfügen kann, sondern in der er sich als passiv erfährt (s. Kap. 5.5.3). Die

Regungen meiner Seele kann ich zwar spüren, ich kann sie aber nicht verhindern, sondern sie höchstens unterdrücken oder auf sie eingehen. In meiner Seele erfahre ich mich unmittelbar durch mich selbst bestimmt, und zwar in einer Weise, die mein Lebensgefühl im Ganzen tangiert.

Über seine Seele hat der Mensch also nicht dieselbe Macht, die für sein Handeln in der sozialen Sphäre kennzeichnend ist. Darin ist die Person – auch in Luthers Sicht – frei, zwischen möglichen Alternativen eine Wahl zu treffen und eine getroffene Entscheidung dann zielstrebig zu verfolgen. Insofern verfügt der Mensch in diesem Kontext über einen *freien Willen*. Doch der ist nur *relativ* frei. Denn alle Entscheidungen, die jemand trifft, vollziehen sich auf der Basis und im Rahmen eines Bildes vom eigenen Leben, das sich ihm oder ihr erschlossen hat. In der Reflexion auf unser Lebensgefühl, das uns in den Regungen der Seele begegnet, bilden sich unsere Lebensgewissheiten aus (s. Kap. 2.5). Und die fließen immer in das Handeln ein, das insofern von ihnen abhängig bleibt. Solche Lebensgewissheiten sind auch nicht frei wählbar oder gar erzwingbar; vielmehr verdanken sie sich Einsichten, die uns zuallererst eröffnet werden müssen und zu denen wir uns dann nur (zustimmend oder ablehnend) verhalten können.

Was in dieser Weise für den Menschen grundsätzlich gilt, kennzeichnet auch die Lebensgewissheit des Glaubens. Ihr Zustandekommen ist an das Wirken des Heiligen Geistes gebunden (s. Kap 6.1.1). Die ganze Tragweite dieser Einsicht hat Luther dann in seiner Schrift »*Vom unfreien Willen*« herausgearbeitet. In ihr macht er deutlich, dass der Mensch »gegenüber Gott oder in den Dingen, welche Seligkeit oder Verdammnis angehen, keinen freien Willen«[8] hat. Alles, was der Mensch hier vermag, ist, »vom Geist Gottes ergriffen und mit seiner Gnade erfüllt zu werden«[9]. Der Akt des Glaubens wird passiv hervorgerufen. Doch mit dem Glauben wird das, was den Menschen in seiner Seele bewegt, zu einer Sache des Herzens. Es bestimmt ihn damit aus seinem Zentrum heraus. Bezeichnet nach Luther die *»Seele«* also jene Sphäre im Menschen, die seiner willentlichen Einflussnahme entzogen ist, so ist das *»Herz«* jener »Ort«, in dem sich das menschliche Wollen und Streben ausbildet. Deshalb ist der Glaube ein Akt des Herzens. In ihm kommt dem Menschen zu Bewusstsein, was seine Seele bewegt; er beherzigt es, macht es sich aktiv zu eigen.

7.2.2 »Da quillt das Wasser aus dem Brunnen« – die Spontaneität der Freiheit

Was die menschliche Seele in ihrer Beziehung zu Gott bestimmt, erfasst Luther in seiner Freiheitsschrift nun genauer mit einer neutestamentlichen Unterscheidung: der Unterscheidung von »geistlicher« und »fleischlicher« Existenz (Röm 8,9f). Entsprechendes meint der Gegensatz von »neuem« oder »altem« Menschen (1. Kor 5,17). Die Bedeutung dieser Ausdrücke lässt sich kurz so fassen: »Neu« (geistlich) im Sinne der biblischen Botschaft ist und wird der Mensch, der aus dem Geist des Evangeliums lebt. »Alt« (fleischlich) ist und bleibt der Mensch, der allein im Vertrauen auf sich selbst lebt. Die »fleischliche« Existenz ist das Leben in der *Sünde*. Sie erwächst aus dem Verlust gelebter Gottesbeziehung, führt zur Selbstverkrümmung des Menschen und wirkt sich darin bis in dessen einzelne Taten hinein aus (s. Kap. 5.4.1).

Der Gegensatz von *»neu«* und *»alt«* liegt nicht auf derselben Linie wie die Unterscheidung von Seele und Leib. Es verhält sich also keineswegs so, dass der Ausdruck »geistlich« der Seele und die Bezeichnung »fleischlich« hingegen dem Leib zuzuordnen wären. Dies hätte eine verhängnisvolle Abwertung des leiblichen Lebens zur Folge, das damit in sich als sündhaft qualifiziert wäre. Geistliche oder fleischliche Existenz sind vielmehr als Seinsweisen zu verstehen, die den *Menschen als Ganzen* betreffen, nämlich aufgrund seines Verhältnisses zu Gott, also in seiner Seele. Sie ergänzen sich auch nicht wie Leib und Seele zu einer erst dadurch vollständigen Einheit, sondern sie sind einander entgegengesetzt, schließen sich *inhaltlich* gegenseitig aus. So wie der Mensch in der Einheit von Leib *und* Seele existiert, steht er zugleich als Ganzer in der Alternative, entweder »geistlich« *oder* »fleischlich« bestimmt zu sein.

Obwohl diese beiden Bestimmungen also inhaltlich einander entgegengesetzt sind, treten sie doch im menschlichen Leben zugleich auf. Das ist der Sinn von Luthers Formel »Gerecht und Sünder zugleich« (s. Kap. 5.4.2). Und genau in der mit ihr angesprochenen prozesshaften Weise wird der Mensch im Vertrauen auf das Evangelium »neu«. Freiheit entsteht hier dadurch, dass ich von allen vergeblichen Versuchen *befreit* werde, mein Heil mir selbst oder meinem Tun abzuringen. Das ist der Raum der Freiheit, der sich dem Menschen im Glauben auftut. Ich muss mich in meinem Handeln nicht ständig meiner selbst vergewissern. Aus dem Gefühl, bedingungslos angenommen zu sein, erwächst Freiheit mir selbst und anderen gegenüber. In Luthers Worten:

> *»Das ist die christliche Freiheit, der einzige Glaube, der da macht, nicht dass wir müßig gehen oder übel tun möchten, sondern dass wir keines Werkes zur Frommheit und um Seligkeit zu erlangen bedürfen.«*[10]

Die Freiheit eines Christenmenschen verdankt sich der Erfahrung, ohne eigene Voraussetzungen bejaht zu sein. Das drückt sich unweigerlich in den Handlungen des Menschen aus. Sie müssen nicht mehr der eigenen Rechtfertigung dienen, sondern können vorbehaltlos dem Nächsten zugutekommen. »Da quillt das Wasser aus dem Brunnen«

– mit diesem wunderbaren Bild beschreibt Luther an anderer Stelle[11] die Spontaneität des Glaubens, in der sich der Mensch in seinem Handeln verströmen kann, ungezwungen und frei von Berechnung. In diesem Sinn ist und wird ein »Christenmensch ein freier Herr über alle Dinge und niemandem untertan«. In dem ihm gewährten Raum der Freiheit kann der Mensch *souverän* werden. Das betrifft den Umgang mit Ansprüchen, die andere an mich stellen; aber es gilt auch und erst recht für jene Erwartungen, die ich selber an mich richte. In der Freiheit des Glaubens können sie selbstbewusst aufgegriffen und abgewogen, abgewehrt oder angenommen werden. Darin können sie mir und dem anderen zum Guten dienen.

7.3 »Wie Gott mir, so ich dir« – das Leben in der Liebe

Luthers zentrale Bestimmung der christlichen Freiheit enthält auch eine Verneinung. Freiheit bedeutet nicht, »dass wir müßig gehen oder übel tun möchten«. Damit wird eine Möglichkeit angesprochen, die ebenfalls zur menschlichen Freiheit gehört. Sie kann verfehlt werden, und das mit zerstörerischen Folgen. Das geschieht zum Beispiel da, wo Freiheit *willkürlich* ausgeübt wird. Der Willkür von jemandem ausgesetzt zu sein ist im höchsten Maße verstörend; kaum etwas anderes kann uns mehr verunsichern oder gefährden. Willkür tendiert, da in ihr die Persönlichkeit und Würde des anderen übergangen wird, immer zur Gewalt. Damit wird die Bedeutung der Freiheit elementar verkannt; sie wird zum Ausdruck des Bösen oder – theologisch gedeutet – zum Betätigungsfeld der Sünde.

Die Einsicht, dass das immer geschehen kann, gehört zum Realismus des reformatorischen Menschenbildes. Der Mensch kann die Sünde nicht einfach von sich abschütteln, er ist vielmehr oft in ihr gefangen. Deshalb muss er nach

Luthers Überzeugung zur Freiheit *befreit* werden. Damit erschließt sich ihr wahrer Sinn. *Der Sinn der Freiheit ist die Liebe.*

Darauf zielt der zweite Satz von Luthers Doppelthese ab, wonach »ein Christenmensch ein dienstbarer Knecht aller Dinge und jedermann untertan« sei. Die Feststellung betrifft die leibliche Sphäre des (Christen-)Menschen und darin sein aktives Verhältnis zum Nächsten. Dass dieses durch »Dienstbarkeit« gekennzeichnet sein soll, ist freilich eine heutzutage kaum mehr vermittelbare Formulierung. Sie muss fast als eine Form krasser Abhängigkeit aufgefasst werden. Die von Luther in seiner Zeit noch ganz vorbehaltlos gebrauchten Ausdrücke »Knecht« oder »untertan« dürften heute jedenfalls laufend unbeabsichtigte Assoziationen – vom »Untertanengeist« bis zum »Helfersyndrom« – wecken; sie verstellen den Zugang zur Sache, erhellen sie nicht. Denn was Luther meint, hat mit Unterwürfigkeit nichts zu tun; und das macht er in den Ausführungen seiner Freiheitsschrift auch sehr klar. Das Dasein für den anderen hat seine Richtschnur in den Geboten Gottes. Da deren Befolgung nun nicht mehr der Selbstvergewisserung des Menschen dienen muss, können sie in ihrer eigentlichen und tiefsten Dimension ausgelebt werden. Diese Dimension ist die Liebe. Was Luther als Dienstbarkeit bezeichnet, meint das Dasein für andere in der Liebe:

»Darum soll seine Absicht in allen Werken frei und nur dahin gerichtet sein, dass er anderen Leuten damit diene und nützlich sei ... Das heißt dann ein wahrhaftiges Christenleben, und da geht der Glaube mit Lust und Liebe ins Werk.«[12]

Auch in seiner Freiheitsschrift greift Luther jene Formulierung auf, die für ihn insgesamt zum Merkmal einer Lebensführung aus dem Glauben geworden ist. Sie ist durch

»Lust und Liebe« bestimmt (s. Kap 4.1), darin geht der Glaube »ins Werk«. Möglich wird das, wo jene Zwanglosigkeit und »Leichtigkeit des Seins« gefühlt wird, in der ein Mensch sich selbst und anderen nichts abnötigen muss. Darin wird er wahrhaft frei für den anderen. Was Luther als die »Freiheit eines Christenmenschen« bezeichnet, trägt dieselbe Signatur, die auch den Glauben ausmacht: Im Empfangen wird er zur Tat. Damit gewinnt das Handeln in Freiheit seine maßgebliche Motivation aus dem, was Gott am Menschen wirkt. Und das kann befreiend jene Zusammenhänge unterbrechen, in denen sich die Art eines Handelns lediglich am Verhalten des anderen – an seinen Taten oder Untaten – bemisst. »Wie Gott mir, so ich dir«[13] – mit der prägnanten Veränderung des bekannten Sprichworts bringt Friedrich Schorlemmer die konkrete Bedeutung von Luthers Freiheitsverständnis auf den Punkt. In der Liebe reagiert ein Mensch nicht nur, er wird kreativ, gestaltet und schafft Wirklichkeit. Darin kann sich die menschliche Liebe in Analogie zu dem entwerfen, was Luther als das Wesen der göttlichen Liebe erkannt hat: Sie »findet ihren Gegenstand nicht vor, sondern schafft ihn sich erst« (s. Kap. 5.5.2). In vergleichbarer Weise wirkt der Glaube durch die Liebe in das Leben hinein – wie unvollkommen auch immer das geschieht und gelingt. Denn das wiederum unterscheidet die göttliche Liebe von der menschlichen, dass jene bedingungslos durchgehalten wird. Unübertroffen hat das Luther am Ende seiner Schrift selbst zusammengefasst:

»Aus dem allen ergibt sich die Folgerung, dass ein Christenmensch nicht in sich selbst lebt, sondern in Christus und in seinem Nächsten; in Christus durch den Glauben, im Nächsten durch die Liebe. Durch den Glauben fährt er über sich in Gott, aus Gott fährt er wieder unter sich durch die Liebe und bleibt doch immer in Gott und göttlicher Liebe.«[14]

7.4 »In den Worten Gottes gefangen« – die Freiheit des Gewissens

Die »Freiheit eines Christenmenschen« zeigt sich für Luther nicht zuletzt in einer neuen Erfahrung mit dem *Gewissen*. Es wird ein durch das Evangelium bestimmtes Gewissen, das im Menschen einen Raum der Freiheit eröffnet.

Mit dem Ausdruck »Gewissen« bezeichnen wir eine Erfahrung, die der Mensch mit sich selbst macht. Die innere, nur vom Betroffenen vernehmbare »Stimme« des Gewissens spricht ihn auf sein Handeln an. Das Tun und Lassen erfährt so eine Beurteilung durch die Person: Es wird kritisch überprüft, an den eigenen Wertmaßstäben gemessen. Im Gewissen weiß der Mensch in der Tiefe seines Selbstgefühls um die Beweggründe seines Tuns. Das sogenannte »schlechte Gewissen« – das als warnendes, sich regendes oder anklagendes Gewissen auftreten kann – zeigt dabei bedrängend an, dass er sich im Zwiespalt mit seinen Überzeugungen befindet. In dieser kritischen Selbstbeurteilung, mit der jemand im Gewissen konfrontiert ist, kommt aber zugleich dessen positive Bedeutung zum Ausdruck. Es ist Anwalt der Ganzheit des Menschen, der Identität der Person; es warnt davor, sich selbst zu verlieren. In dieser Weise ist das Gewissen der Rahmen, in dem sich eine zusammenhängende Lebensführung überhaupt erst entwickeln kann. Das Handeln wird authentisch, es geschieht in Übereinstimmung mit dem eigenen Lebensgefühl.

In dieser Hinsicht ist Luthers Berufung auf das eigene Gewissen (das »in den Worten Gottes gefangen ist«), mit der er 1521 in Worms den Widerruf seiner Schriften verweigerte, ein bis heute eindrucksvolles Beispiel. Damit wurde nämlich die Gewissensentscheidung des Einzelnen grundsätzlich als die für ihn letztlich verbindliche Instanz benannt. Die Gewissensfreiheit, welche das Grundgesetz der Bundesrepublik (Artikel 4, Abs. 1) als »unverletzlich«

schützt, hat sich als Grundrecht auch vor diesem Hintergrund entwickelt.

Luthers Erfahrungen mit dem Gewissen sind freilich ambivalent. Denn als Medium sensibler Selbstwahrnehmung konfrontiert es ihn mit den eigenen (offenkundigen oder versteckten) Verfehlungen. Das Gewissen wird darin zum Forum der »Anfechtung«, die ihn an sich und Gott verzweifeln lässt (s. Kap. 5.2). Es wird aber zugleich zu dem Ort, an dem sich die befreiende Erfahrung der Rechtfertigung in ihm spürbar ausbreiten kann. Denn ein Gewissen, das »in den Worten Gottes gefangen ist«, ist ein durch das *Wort des Evangeliums* bestimmtes Gewissen. In dieser Bindung an das Evangelium ist das Gewissen in Wahrheit befreit, erfährt der Mensch doch darin jene göttliche Zuwendung, die sich in Christus zeigt. Und das ermöglicht einen neuen, befreiten Umgang gerade mit dem anklagenden Gewissen. Dieses behält zwar seine kritische, das Handeln beurteilende Funktion – aber mich, mich als Person zu verurteilen ist ihm durch das Evangelium verwehrt. Wo dies dennoch so empfunden wird, ist dem eigenen Gewissen sogar ausdrücklich zu widersprechen. In dieser Zuspitzung hat Luther in einer Predigt (1528) einmal formuliert:

»Du musst nicht deinem Gewissen und Fühlen mehr glauben als dem Wort, welches von dem Herrn gesagt ist, der die Sünder annimmt ... du kannst so mit dem Gewissen streiten, dass du sagst: Du lügst, Christus hat recht, nicht du.«[15]

In der Erfahrung des Evangeliums wie ganz grundsätzlich in den Erfahrungen der Liebe kann sich ein menschliches Gewissen auf der Grundlage bedingungsloser Annahme ausbilden. Es ist ein durch die Liebe gewecktes und geschärftes Gewissen, das sich damit bildet. Auch dieses wird zum Anwalt der Identität einer Person; es wacht über ihre Ganzheit. Doch braucht sich jemand darin nicht mehr selbst zu rechtfertigen; und erst recht nicht muss sich einer oder eine selbst verurteilen. Es ist diese Freiheit des Gewissens, in der ich in neuer Weise sensibel werden kann für alles, was ich tue und bewirke. »Vorausgesetzt ist dabei allerdings«, wie Luther in seiner Römerbriefvorlesung (1515/16) betont, »dass es aus Liebe geschieht und ... nicht weil es heilsnotwendig ist, sondern aus freiem Willen und aus dem Gefühl der Freiheit heraus«[16]. Dieses »Gefühl der Freiheit« drückt sich in der Freiheit des Gewissens aus. Es kennzeichnet überhaupt das Lebensgefühl des Glaubens.

Das Lebensgefühl des Glaubens atmet Freiheit.

8 GOTTESMUT – VERTRAUEN IN DEN WIDERSPRÜCHEN DES LEBENS

Das ist aber die rechte Änderung, um welcher willen Christus gekommen ist: dass ein Mensch inwendig im Herzen anders werde. Gleich wie ich nun ein anderes Herz, Mut und Sinn habe als damals, bevor das liebe Evangelium wieder an den Tag kam. Damals meinte ich, Gott nehme sich meiner nicht an ... In Summa, ich kannte Gott nicht.

Mut entsteht im Herzen. Er wächst an dem, was ich liebe. Und er wird wichtig in den Augenblicken, in denen ich etwas wage. Im Mut konzentriert sich mein Lebensgefühl; in ihm gewinnt es Ausdruck, gelangt es zur Aktion.

Dass der Mut aus dem Herzen kommt, drückt sich auch sprachlich aus. Das deutsche Wort »Mut« leitet sich vom mittelhochdeutschen »Muot« ab, welches das menschliche Streben und Trachten, das aus seinem Inneren kommt, bezeichnete. Darin sind auch die Affekte des Menschen eingeschlossen, seine Gefühlsaufwallungen, die sich bis hin zum Zorn entladen können. Erst später, ab dem 16. Jahrhundert, wurde der Begriff »Mut« zu einem Synonym für eine bestimmte Haltung oder Tugend: die der Tapferkeit oder Kühnheit. Das ist aber im Grunde eine Engführung. Die ursprüngliche, umfassende Bedeutung von Mut hat sich im französischen Wort »courage« erhalten, das vom Begriff »cœur« (Herz) abgeleitet ist. Mit »courage« geht also jemand ans Werk, dessen Herz leidenschaftlich bei der Sache ist.

Und das entscheidet sich daran, ob ich liebe, was ich tue. Denn was ich liebe, worauf also mein Herz ausgerichtet ist, das motiviert mein Handeln. Und darin habe und brauche ich Mut. Eine Steilwand ohne Absicherung hochzuklettern ist für sich alleine noch kein Ausweis von Mut (vielleicht eher von Übermut). Das kann es erst werden, wenn sich damit ein Ziel verbindet, an dem das Herz hängt. Mut braucht es in den Momenten, in denen ich angesichts dessen, was mir wichtig und bedeutsam ist, herausgefordert werde. So kostet es beispielsweise Mut, jemandem beizustehen, der angegriffen wird. Dahinter steht aber immer der Impuls, diese Person zu schützen. Und darin drückt sich die Liebe zum Leben selber aus. Mut ohne Liebe verkommt zur Pose. Im wahren Mut gewinnt das, was wir lieben, authentisch und prägnant Ausdruck.

Wichtig wird der Mut besonders in den Schwellensituationen des Lebens. Oft sind sie angstbesetzt. Mut bedarf es an der Grenze, also dort, wo der nächste Schritt zum Wagnis, zum Sprung ins Neue und Unbekannte wird. Das Kind, welches zum ersten Mal aus der Höhe ins Wasser springt, braucht einen ähnlichen Mut wie die Politikerin, die eine weitreichende, in ihren Folgen unabsehbare Entscheidung zu treffen hat. In beiden Fällen ist es nicht ausgemacht, ob der Mut belohnt wird. Es können sich Krisen daraus entwickeln, es können sich aber auch neue Dimensionen des Lebens erschließen. In seinem Mut überschreitet der Mensch die Schwelle zu beidem. Dadurch wird das Leben riskant und lebendig zugleich.

Mut benötigt deshalb *Vertrauen*. Ohne dieses käme er gar nicht zustande. Es gibt zwar auch einen »Mut der Verzweiflung«, der freilich der Angst entspringt und von ihr bestimmt wird. Das Vertrauen hingegen lässt mich zuversichtlich Schritte ins Unbekannte wagen. Und es gewinnt seine tiefste Bedeutung gerade dann, wenn Krisen mich einholen. In dieser Hinsicht ist für Luther das Vertrauen zur Schlüsselerfahrung des Lebens wie zum Zentralbegriff seiner Theologie geworden. Im Vertrauen wächst dem Menschen Mut zu. Für Luther ist es vor allem jener Mut, der in der Beziehung zu Gott gründet.

Darauf hebt der Ausdruck *Gottesmut* ab. Er bedeutet keineswegs, dass damit der Mensch sich selbst zu Gott würde oder werden sollte. Für den Reformator wäre ein solches Streben nicht Ausdruck des Glaubens, sondern seines Gegenteils: der Sünde. Der Gottesmut, von dem hier (und im Grunde im ganzen Buch) die Rede ist, meint jene Zuversicht, die sich dem Menschen im Vertrauen auf Gott eröffnet. In diesem Vertrauen hat er *Anteil an Gott* und dem, was ihm von Gott geschenkt wird. Darin bestand für Luther die grundlegende Erkenntnis, die er am Begriff »Gerechtigkeit Gottes« gemacht hat (s. Kap 5.3). Sie wird zum Schlüssel des Verstehens, mit dem alle Aussagen von Gott gedeutet werden: »Werk Gottes, das heißt was Gott in uns wirkt; Kraft Gottes, durch die er uns kräftig macht; Weisheit Gottes, durch die er uns weise macht, Stärke Gottes, Heil Gottes, Herrlichkeit Gottes.« Auf dieser Linie kann auch der »Mut Gottes« als einer verstanden werden, durch den er uns mutig macht. Doch bleibt der Mensch darin ganz Mensch, ja er wird dadurch menschlich. Denn der Mut des Vertrauens kommt aus dem Empfangen. Er erwächst aus der Passivität des Glaubens, die im Menschen jene Lust und Liebe freisetzt, die ihn mutig handeln lassen kann. Es ist ein Mut *aus* Gott.

Und darin kann er zugleich ein Mut *zu* Gott werden. Er besteht in jener Zuversicht, in der ein Mensch Gott »über alle Dinge« vertraut. In allem, was das Leben widersprüchlich und gefährdet erscheinen lässt, bleibt Gott – der mir das Leben »gegeben hat und noch erhält« (s. Kap. 4.3.1) – der tragende Grund meines Daseins. Der Mut des Glaubens besteht darin, darauf – auch gegen den Anschein – zu vertrauen. In dieser doppelten Weise deutet der Begriff

»Gottesmut« das Vertrauen des menschlichen Herzens als einen Mut *aus* und *zu* Gott.

»Wir können nur wollen, was wir lieben. Und wir können nur lieben, was uns in unserem Selbstgefühl ergriffen und bestimmt hat« (s. Kap. 4.5). Was Luther in seinem Selbstgefühl ergriffen hat und was er dann in unterschiedlichen Zusammenhängen wiederfindet und ausdeutet, ist die Gewissheit, von Gott geliebt und angenommen zu sein. Das bringt auch das eingangs angeführte Zitat zum Ausdruck. Es stammt aus einer Predigt[1] (1533), die er in seinem Haus (vor Familie, Gesinde und Studenten) gehalten hat. Mit diesen Worten schaut Luther zurück auf die – auch für ihn persönlich – entscheidende (Wieder-)Entdeckung des »lieben Evangeliums«. Mit und in ihm erkennt er Gott. Ohne das Evangelium galt: »Ich kannte Gott nicht.« Es ist genau diese Erkenntnis Gottes im Evangelium, die »Herz, Mut und Sinn« insgesamt erneuert. Auch für Luther also gehören Herz und Mut zusammen. *Herzenssache und Gottesmut* – im Sinne seiner Theologie deuten sich die Begriffe gegenseitig. Das eine ist hier nicht ohne das andere zu denken. Und aus dem Zusammenhang, der damit umschrieben wird, erwächst das *Lebensgefühl des Glaubens*.

Welche Impulse davon für das Leben des Menschen in seinen drei Bezügen (zu sich selbst, zu anderen, zu Gott) ausgehen können, sei abschließend noch kurz deutlich gemacht.

8.1 »Das Herz in die Hand nehmen«

Die Gewissheit, dass »Gott sich meiner annimmt«, verleiht dem Herzen Mut. Und das wirkt sich auf die Art und Weise aus, wie ich mein eigenes Leben erlebe, gestalte und deute. Es wird damit ein *Selbstvertrauen* möglich, das aus dem Gefühl des geschenkten Lebens entsteht.

Sich selbst zu vertrauen bezieht sich ja nicht nur auf einzelne Fähigkeiten und Fertigkeiten, die sich jemand erwirbt und auf die er oder sie sich dann im konkreten Fall verlässt (zum Beispiel ein Künstler vor seinem Auftritt). Im Selbstvertrauen gewinnt ein Selbstgefühl vielmehr grundsätzlich *Stabilität*; sie gibt einer Lebensführung Zusammenhang und Halt. Und das wird vor allem in den Momenten wichtig, in denen ich herausgefordert werde und meinen ganzen Mut aufbringen muss, um mich einer Situation zu stellen.

Gefragt, was er empfunden habe, als er (im Viertelfinale der Fußball-Europameisterschaft 2016) zum spielentscheidenden Elfmeter antreten musste, gab Jonas Hector die schöne Antwort: »Da habe ich das Herz in die Hand genommen.« Bekanntlich glückte der Schuss. Doch auch wenn er misslungen wäre, behielte der Satz seine Bedeutung. Wenn jemand »das Herz in die Hand nimmt«, dann gewinnen Hoffnung und Zuversicht die Oberhand gegenüber dem, was Angst machen kann. Aus dem Selbstvertrauen fließt der Mut zum Handeln, zur Aktion – gegen alle äußeren oder inneren Widerstände, die sich aufbauen können. Indem ich handle, nimmt die Angst ab, manchmal schwindet sie sogar ganz.

Doch das Selbstvertrauen kann auch erschüttert werden – und zwar nicht nur im Blick auf einzelne Handlungen, die fehlgehen, sondern insgesamt. Ich habe dann das Gefühl, dass auf mich selbst kein Verlass (mehr) ist. Damit wird sich der Mensch selber zur verstörenden Frage. Solche Erfahrungen hat Luther bis in ihre Tiefen und Untiefen hinein gemacht. Aber in ihnen hat er zugleich erkannt, was das eigene Leben tatsächlich trägt – das Gefühl, bedingungslos angenommen zu sein. Für Luther wird es in letzter Klarheit durch das Evangelium geweckt. Doch kommen damit zugleich alle anderen Momente des Lebens in den Blick, in denen ein Mensch eine vergleichbare Annahme erfährt. In ihnen gründet in Wahrheit jedes Selbstvertrauen, aus dem Lebensmut erwächst.

8.2 »Aber die Faust haltet stille«

Das Herz in die Hand zu nehmen bedeutet etwas anderes, als die Faust zu erheben. Nach Luther soll sie still gehalten werden. Was wiederum nicht heißt, die eigene Haltung ängstlich zu verstecken. Vielmehr darf, kann und soll sie offensiv, durchaus auch in Konfrontation vertreten werden. Dass hier tatsächlich beides zugleich gilt, hat Luther in zwei wunderbaren, sich ergänzenden Halbsätzen ausgedrückt, die sich in einem »Brief an die Fürsten zu Sachsen« (1524) finden:

»Man lasse die Geister aufeinanderplatzen ... aber die Faust haltet stille.«[2]

Zum Mut des Glaubens gehört die Freiheit, für die eigenen Überzeugungen nachhaltig einzustehen – auch wenn das Widerstände hervorruft und »die Geister aufeinanderplatzen«. Streit ist weder unmoralisch noch unchristlich, im Gegenteil: Er kann Dinge klären, Sachverhalte auf den Punkt bringen, Alternativen aufzeigen. In diesem Sinn lebt eine offene Gesellschaft geradezu vom Streit, sofern er an der Sache orientiert ist und nicht in verletzende Polemik oder billigen Populismus abgleitet. Damit bereits beginnt sich die Faust zu regen. Und irgendwann schlägt sie dann auch zu, wenn der Streit nur verkniffen und verbissen genug geführt wird. Es ist ein kognitiver und emotionaler Balanceakt, den Luthers Sätze umschreiben. Ihn zu bestehen ist zweifellos eine der großen Herausforderungen auch unserer Zeit – in den persönlichen und gesellschaftlichen

Auseinandersetzungen wie in den globalen Zusammenhängen.

Zu seiner Überzeugung zu stehen kann jedenfalls Mut verlangen – und manchmal da am meisten, wo man es am wenigsten erwartet. *Wolf Biermann* wusste ein Lied davon zu singen: »Mut gegen Feinde – gut! Mut gegen sich selber – auch gut! Aber das Schwierigste ist etwas anderes: tapfer sein gegenüber Freunden. Die Feigheit vor dem Freund ist eine schleichende Seelenseuche, sie ist ein massenhafter Opportunismus im Gewand der Treue. Wer aber endlich mal den Mut aufbringt, seinem Freund eine schmerzhafte Wahrheit anzutun, der macht die Erfahrung, dass manche gekränkten Freunde maßloser zurückschlagen als die vertrauten Feinde.«[3]

Ob Mut gegenüber Freund oder Feind – es soll gelten: »Aber die Faust haltet stille.« Gelingen kann das, wenn sich jemand in einer Sache nicht verkämpfen muss, sondern im richtigen Moment loslassen kann. Möglicherweise braucht es dazu sogar den meisten Mut. Denn etwas loslassen heißt ja: es aus der Hand geben und jemandem anderen überlassen. Das aber fällt oft sehr schwer.

In dieser Hinsicht gewinnt für Luther das Vertrauen in die eigene Wirksamkeit des Wortes Gottes einen besonderen Stellenwert. In der zweiten seiner »Invokavitpredigten« (1522), mit denen er dem Aufruhr in Wittenberg begegnete, sagt er:

»Predigen will ich's, sagen will ich's, schreiben will ich's. Aber zwingen, mit Gewalt dringen will ich niemanden, denn der Glaube will willig, ungenötigt angenommen werden. Nehmt ein Beispiel an mir. Ich bin dem Ablass und allen Papisten entgegengetreten, aber mit keiner Gewalt; ich habe allein Gottes Wort getrieben, gepredigt und geschrieben, sonst hab ich nichts getan. Das hat, wenn ich geschlafen habe, wenn ich Wit-

tenbergisch Bier mit meinem Philipp Melanchthon getrunken habe, soviel getan, dass das Papsttum so schwach geworden ist, dass ihm noch nie ein Fürst oder Kaiser soviel Abbruch getan hat ... Ich habe nichts gemacht, ich habe das Wort handeln lassen.«[4]

Die Unterscheidung meiner Person von der Sache, die ich vertrete – auch das gehört zum Mut des Glaubens; er muss nichts mit Gewalt erzwingen. Luther hat diesen Grundsatz leider nicht immer durchgehalten (s. Kap. 4.4). Insofern muss man auch ihn selbst kritisch an dem messen, was er hier predigt. Und dennoch: Wer »das Wort handeln lassen« kann, der kann auch getrost von seinen Werken ruhen. Vor allem aber können er und sie in der Zuversicht ans Werk gehen, dass Gott selbst jene Konflikte überwinden wird, die jetzt zum menschlichen Dasein gehören: Wahrheit und Lüge, Güte und Bosheit, Leben und Tod. Darin wird der Glaube zur *Hoffnung*. Er hält es für »menschenunwürdig«, wie Renate Wind einschärft, »eine Welt der Gewalt hinzunehmen, sie für alternativlos zu halten, sich anzupassen, sich in eine Dauerparty zu flüchten oder auch in ein spirituelles Exil«[5]. In der Hoffnung beziehen wir uns aktiv und engagiert auf die Vollendung unseres Daseins, ohne sie selber ungeduldig vorwegnehmen zu wollen. Die christliche Hoffnung ist realistisch in Bezug auf das Leben, so wie es sich zeigt, *und* zugleich offen für Gottes Zukunft.

8.3 »Wir sind die Gedichte«

In seiner letzten Vorlesung über das Buch Genesis (1543/45) gelangt Luther zu einem kurzen Satz aus dem Epheserbrief (2,10): »Wir sind sein [Gottes] Werk.« Das ist insofern ein mehrdeutiger Satz, da das griechische Wort für »Werk« – ποίημα – noch eine andere Bedeutung hat: Es kann auch »Gedicht« heißen. Und in diesem Sinn schließt Luther seine Deutung an: »Ipse poëta est, nos versus sumus et carmina quae condit.«[6] In der trefflichen Übersetzung des ehemaligen Tübinger Rhetorikers Walter Jens lautet das:

»Gott selbst ist der Dichter, wir sind seine Verse. Wir sind die Gedichte: Er hat sie geschrieben.«[7]

Vielleicht hat Luther nichts Schöneres, Zarteres auch über Gott und den Menschen geäußert. Jedenfalls ist sein theologischer Satz pure Poesie. Jeder Mensch – ein Gedicht Gottes; die Geschöpfe – wie Verse eines einzigen großen Gedichtes, dessen Poet Gott selbst ist. Wir sind kein Geschwätz, wir sind nicht in den Wind gesprochen – *wir sind aus Gottes Wort*. Das ist, auf die Formel gebracht, die Deutung des menschlichen Lebens, die Luther uns ans Herz legt. Wenn die Gedichte in dieser Welt auch unvollendet bleiben, viele sogar zerrissen oder durchgestrichen werden – es bleiben Gottes Gedichte, die er fertig schreiben, vollenden wird.

Dem Dichter Luther soll deshalb an dieser Stelle das letzte Wort gehören: mit jener Bitte um den Frieden, die er selber vertont hat und die seit beinahe 500 Jahren gesungen wird – die Herzen aus Gott ermutigend.

»Verleih uns Frieden gnädiglich,
Herr Gott, zu unsern Zeiten.
Es ist ja doch kein andrer nicht,
Der für uns könnte streiten,
Denn du, unser Gott, alleine.«

Von Martin Luther

Auslegung des Ersten Gebots im Großen Katechismus (Auszüge)

Das erste Gebot: *Du sollst nicht andere Götter haben.*

Das bedeutet: Du sollst mich alleine für deinen Gott halten. Was ist damit gesagt und wie ist es zu verstehen? Was heißt einen Gott haben oder was ist Gott? Antwort: Gott nennt man denjenigen oder dasjenige, von dem man alles Gute erwartet und bei dem man Schutz sucht in allen Notfällen. Einen Gott zu haben ist also nichts anderes, als ihm von Herzen zu vertrauen und zu glauben. Oft schon habe ich es gesagt: Allein das Vertrauen und Glauben des Herzens macht beide, Gott und Abgott. Sind Glaube und Vertrauen richtig, so ist auch dein Gott richtig, und umgekehrt: Wo das Vertrauen falsch und unrecht ist, da ist auch der wahre Gott nicht. Denn die beiden gehören zusammen, Glaube und Gott. Woran du nun (sage ich) dein Herz hängst und verlässt dich darauf, das ist eigentlich dein Gott.

Darum ist nun der Sinn dieses Gebots, dass es wahren Glauben und wahre Zuversicht des Herzens verlangt, die auf den einzig wahren Gott gerichtet sind und sich an ihm allein festmachen. Es sagt so viel wie: »Hab Vertrauen und lass mich alleine dein Gott sein und suche niemals einen andern«; das heißt: Was dir an Gutem fehlt, das erwarte von mir und suche es bei mir, und wenn du Unglück und Not erleidest, dann suche bei mir Schutz und halte dich zu mir. ICH, ich will dir genug geben und dir aus aller Not helfen, hänge nur dein Herz an keinen andern.

Damit man es versteht und merkt, muss ich es deutlich hervorheben anhand von Gegenbeispielen aus dem Alltag:

Mancher meint, er habe Gott und alles zur Genüge, wenn er Geld und Gut hat, verlässt sich darauf und brüstet sich damit so überheblich, dass er niemanden der Beachtung wert findet. Sieh, der hat auch einen Gott, der heißt Mammon, das ist Geld und Gut, worauf er sich voll und ganz verlässt. Das ist der verbreitetste Abgott auf Erden. Wer Geld und Gut hat, der weiß sich unangreifbar, ist fröhlich und unerschrocken, als sitze er mitten im Paradies. Wer hingegen keines hat, der zweifelt und verzagt, als wisse er von keinem Gott. Denn man wird wenige Leute finden, die guten Muts sind und nicht trauern oder klagen, wenn sie den Mammon nicht haben. Das ist eine Eigenart der menschlichen Natur, die ihr anhaftet bis ins Grab.

Entsprechend verhält es sich mit dem, der darauf vertraut und pocht, dass er große Gelehrsamkeit, Klugheit, Macht, Einfluss, Beziehungen und öffentliches Ansehen habe; der hat auch einen Gott, aber auch nicht den wahren, einzig wirklichen Gott. Das erkennst du wieder daran, wie vermessen, überheblich und stolz man ist auf solche Güter und wie verzagt, wenn sie nicht vorhanden sind oder entzogen werden.

Darum sage ich noch einmal, dass die zutreffende Auslegung dieses Stückes sei, dass einen Gott haben heißt, etwas haben, worauf das Herz ganz und gar vertraut. [...]

Also verstehst du nun leicht, was und wie viel dieses Gebot fordert, nämlich das ganze Herz des Menschen, alle seine Zuversicht auf Gott allein und niemand anderen zu setzen. Denn dass einen Gott zu haben nicht heißen kann, ihn mit Fingern zu ergreifen, in einen Beutel zu stecken oder in eine Truhe einzuschließen, das erkennst du wohl. Das bedeutet aber, ihn erfasst zu haben, wenn ihn das Herz ergreift und an ihm hängt. Mit dem Herzen an ihm zu hängen ist aber nichts anderes, als sich ganz und gar auf ihn zu verlassen.

Darum will er uns von allem anderen abwenden, das außerhalb von ihm liegt, und zu sich ziehen, weil er das einzig ewige Gut ist; er sagt gleichsam: »Was du zuvor bei den Heiligen gesucht oder worin du auf den Mammon und anderes vertraut hast, das erwarte alles von mir, und halte mich für denjenigen, der dir helfen und dich mit allem Guten reichlich überschütten will.« [...]

Demnach heißt in der Tat, auch nach Auffassung aller Heiden, einen Gott zu haben: ihm zu vertrauen und an ihn zu glauben. Nur darin gehen sie fehl, dass ihr Vertrauen falsch und unrecht ist, denn es richtet sich nicht auf den einzig wahren Gott, neben dem es wahrhaftig keinen anderen Gott gibt, weder im Himmel noch auf Erden.

Darum machen die Heiden genau genommen ihre eigene, selbstgemachte Vorstellung und ihren Traum von Gott zum Abgott und verlassen sich auf ein bloßes Nichts. [...]

Darüber hinaus gibt es noch eine weitere Form von falschem Gottesdienst, die höchste Abgötterei, die wir bislang getrieben haben und die noch in der Welt vorherrscht, auf der auch alle geistlichen Stände beruhen. Sie betrifft allein das Gewissen, das Hilfe, Trost und Seligkeit sucht in eigenen Werken. Es maßt sich an, Gott den Himmel abzuzwingen, und rechnet, wie viel es gestiftet, gefastet, Messe gehalten hat etc. Es verlässt sich auf die eigene Leistung und pocht darauf, als wolle es nichts von Gott geschenkt nehmen, sondern alles aus eigener Kraft erwerben und auch noch für andere verdienen, gerade als müsste Gott uns zu Diensten sein und sei unser Schuldner, wir aber seine Vorgesetzten und Gläubiger. Was bedeutet das anderes, als aus Gott einen Götzen, ja eine bloße Vogelscheuche zu machen und sich selbst für Gott zu halten und zum Gott aufzuwerfen? Aber das ist ein wenig zu scharf, es ist zum Vortrag vor den jungen Schülern nicht geeignet.

Das sei aber den Unkundigen gesagt, damit sie den Sinn dieses Gebotes erfassen und sich gut einprägen: Man soll Gott allein vertrauen und lauter Gutes von ihm erwarten, denn er gibt uns Leib, Leben, Essen, Trinken, Lebensunterhalt, Gesundheit, Schutz, Frieden und alles, was wir in diesem Leben und für die Ewigkeit brauchen, außerdem bewahrt er uns vor Unglück, und wenn uns doch etwas widerfährt, rettet er uns und hilft uns heraus. Gott ist also (wie oft genug gesagt) der eine, von dem man alles Gute empfängt und der von allem Unglück befreit. Aus diesem Grunde, vermute ich, nennen wir Deutschen seit alters Gott auch mit eben diesem Namen (...), nach dem Wörtchen »gut«, weil Gott eine unerschöpfliche Quelle ist, die von lauter Güte überfließt und aus der alles fließt, was gut ist und gut heißt.

Auch wenn uns sonst viel Gutes von Menschen getan wird, so bedeutet es doch, alles von Gott zu empfangen, was man durch seinen Befehl und seine Anordnung empfängt. Denn unsere Eltern und alle, die uns etwas zu sagen haben, (ebenso wie wir alle im Hinblick auf unsere Mitmenschen) haben den Befehl, dass sie uns allerlei Gutes tun sollen. Wir empfangen das Gute also nicht von ihnen, sondern durch sie von Gott. Denn die Geschöpfe sind nur die Hände, Kanäle und Mittel, mit deren Hilfe Gott uns alles gibt. So gibt Gott der Mutter Brüste und Milch, um sie ihrem Kind zu reichen, er gibt Korn und allerlei Gewächse aus der Erde als Nahrungsmittel, die kein Geschöpf selbst herstellen kann.

Deshalb soll sich kein Mensch unterstehen, etwas zu nehmen oder zu geben, es sei denn von Gott befohlen, damit man es als seine Gabe erkenne und ihm dafür danke, wie dieses Gebot verlangt. Darum soll man auch solche Mittel, bei denen man durch andere Geschöpfe Gutes von Gott empfängt, nicht ausschlagen oder aus Vermessenheit andere Wege und Weisen suchen, dies Gute zu erlangen, als Gott befohlen hat. Denn das hieße nicht, das Gute dankbar von Gott zu empfangen, sondern es auf eigene Faust an sich bringen zu wollen.

Darauf achte nun jeder Mensch bei sich selbst, dass man dieses Gebot vor allen Dingen groß und hoch achte und nicht für einen Scherz ansehe. Befrage und erforsche dein Herz genau, so wirst du herausfinden, ob es allein an Gott hängt oder nicht. Hast du ein Herz, das lauter Gutes von ihm erwartet, insbesondere in Notlagen und Mangel, und das alles andere loslassen kann, was nicht Gott ist, dann hast du auch den einzigen wahren Gott. Wenn es hingegen von etwas anderem abhängig ist, von dem es mehr Gutes und Hilfe erwartet als von Gott, und läuft nicht zu ihm, sondern flieht vor Gott, wenn es in Not ist, dann hast du einen Abgott.[1]

Über die Musik

Ich liebe die Musik,
– und die Musik verdammenden Schwärmer gefallen mir nicht –,
weil

1. sie eine Gabe Gottes und nicht der Menschen ist,
2. sie die Seelen froh macht
3. sie den Teufel verjagt
4. sie unschuldige Freude bereitet.

Darüber vergehen: Zorn, Begierden, Hochmut
Nach der Theologie räume ich der Musik den nächsten Platz ein. Dies zeigt das Beispiel Davids und aller Propheten, die alles Ihrige in Versen und Gesängen überliefert haben.

5. weil sie in Friedenszeiten regiert.

Haltet also aus, und es wird besser um diese Kunst nach uns bestellt sein, weil sie (die Künste) des Friedens sind.

Die Fürsten von Bayern lobe ich deshalb, weil sie die Musik verehren. Bei uns Sachsen werden Waffen und Kanonen gepredigt.[2]

Brief an Melanchthon vom 1. August 1521 (in Auszügen)

Daher, mein lieber Bruder, lerne Christus, und zwar den gekreuzigten, lerne, ihm zu singen und an Dir selbst verzweifelnd zu ihm zu sprechen: Du, Herr Jesus, bist meine Gerechtigkeit, ich aber bin deine Sünde; du hast das Meine auf dich genommen und mir das Deine gegeben; du hast angenommen, was du nicht warst, und mir gegeben, was ich nicht war. Hüte Dich, dass Du niemals nach einer so großen Reinheit trachtest, dass Du Dir nicht als Sünder erscheinen oder gar kein Sünder sein willst. Denn Christus wohnt nur in Sündern. Denn deshalb ist er vom Himmel herniedergestiegen, wo er in Gerechten wohnte, damit er auch in Sündern wohne. Diese seine Liebe erwäge immer wieder bei Dir, und Du wirst seinen überaus süßen Trost sehen. Denn wenn wir durch unsere Bemühungen und Trübsale zur Ruhe des Gewissens kommen müssten: Wozu wäre er denn gestorben? Deshalb wirst Du nur in ihm, durch getroste Verzweiflung an Dir und Deinen Werken, Frieden finden. Überdies wirst Du von ihm lernen, dass er, gleichwie er Dich angenommen und Deine Sünden zu den seinen gemacht hat, auch seine Gerechtigkeit zu der Deinen gemacht hat. Das heißt: Du musst Dich nicht selbst sündlos machen, Du darfst und sollst an Dir selbst verzweifeln, weil Du auf die alleinige Gerechtigkeit Christi vertrauen darfst und darin Frieden findest. Er nimmt Deine Sünde auf sich und schenkt dir seine Gerechtigkeit …

Wenn du ein Prediger der Gnade bist, predige nicht eine erdichtete Gnade, sondern eine echte! Wenn es eine echte Gnade ist, dann kann sie auch eine echte Sünde wegnehmen, nicht bloß eine erdichtete. Sei also ein Sünder und *sündige mutig, aber noch mutiger glaube* [pecca fortiter, sed fortius fide] und freue dich in Christus, der der Sieger über Sünde, Tod und Welt ist! Bete mutig, auch wenn du ein noch so großer Sünder bist![3]

Auslegung zur vierten Bitte des Vaterunser im Kleinen Katechismus

»Unser tägliches Brot gib uns heute.
Was ist das?
Gott gibt das tägliche Brot auch ohne unsere Bitte
allen bösen Menschen;
aber wir bitten in diesem Gebet,
dass er's uns erkennen lasse
und wir mit Danksagung empfangen
unser tägliches Brot.
Was heißt denn tägliches Brot?
Alles, was Not tut für Leib und Leben,
wie Essen, Trinken, Kleider, Schuh,
Haus, Hof, Acker, Vieh, Geld, Gut,
fromme Eheleute, fromme Kinder, fromme Gehilfen,
fromme und treue Oberherren, gute Regierung,
gut Wetter, Friede, Gesundheit, Besonnenheit, Ehre,
gute Freunde, getreue Nachbarn und desgleichen.«[4]

Aus Theologie und Philosophie

Das apostolische Glaubensbekenntnis (Apostolikum)

Ich glaube an Gott,
den Vater, den Allmächtigen,
den Schöpfer des Himmels und der Erde.
Und an Jesus Christus,
seinen eingeborenen Sohn, unsern Herrn,
empfangen durch den Heiligen Geist,
geboren von der Jungfrau Maria,
gelitten unter Pontius Pilatus,
gekreuzigt, gestorben und begraben,
hinabgestiegen in das Reich des Todes,
am dritten Tage auferstanden von den Toten,
aufgefahren in den Himmel;
er sitzt zur Rechten Gottes,
des allmächtigen Vaters;
von dort wird er kommen,
zu richten die Lebenden und die Toten.
Ich glaube an den Heiligen Geist,
die heilige christliche Kirche,
Gemeinschaft der Heiligen,
Vergebung der Sünden,
Auferstehung der Toten
und das ewige Leben.
Amen.

Die Augsburger Konfession, Der fünfte Artikel

Damit dieser Glauben entsteht, hat Gott das Predigtamt eingesetzt, das Evangelium und die Sakramente gegeben, durch die als Mittel der Heilige Geist wirkt und – wo und wann er will – die Herzen tröstet und Glauben gibt denen, die das Evangelium hören, das lehrt, dass wir durch Christi Verdienst einen gnädigen Gott haben, wenn wir das glauben.

Und es werden die [...] verdammt, die lehren, dass wir ohne das leibliche Wort des Evangeliums den Heiligen Geist durch eigene Vorbereitung und Werke verdienen.[5]

Die Gemeinsame Erklärung zur Rechtfertigungslehre (1999) des Lutherischen Weltbundes und der Katholischen Kirche, Ziffer 15

Es ist unser gemeinsamer Glaube, dass die Rechtfertigung das Werk des dreieinigen Gottes ist. Der Vater hat seinen Sohn zum Heil der Sünder in die Welt gesandt. Die Menschwerdung, der Tod und die Auferstehung Christi sind Grund und Voraussetzung der Rechtfertigung. Daher bedeutet Rechtfertigung, dass Christus selbst unsere Gerechtigkeit ist, derer wir nach dem Willen des Vaters durch den Heiligen Geist teilhaftig werden. Gemeinsam bekennen wir: Allein aus Gnade im Glauben an die Heilstat Christi, nicht aufgrund unseres Verdienstes, werden wir von Gott angenommen und empfangen den Heiligen Geist, der unsere Herzen erneuert und uns befähigt und aufruft zu guten Werken.

Friedrich Daniel Ernst Schleiermacher (1768-1834): Glaubenslehre

Wenn hier Gefühl und Selbstbewusstsein als gleichgeltend nebeneinander gestellt werden: so ist die Absicht keinesweges, einen beide Ausdrücke schlechthin gleichstellenden Sprachgebrauch allgemein einzuführen ... Nimmt also jemand den Ausdruck Gefühl in einem so weiten Sinne, dass er auch bewusstlose Zustände darunter begreift: so soll er erinnert sein, dass von dieser Gebrauchsweise hier zu abstrahieren ist. Wiederum ist dem Ausdruck *Selbstbewusstsein* die Bestimmung *unmittelbar* hinzugefügt, damit niemand an ein solches Selbstbewusstsein denke, welches kein Gefühl ist, wenn man nämlich Selbstbewusstsein das Bewusstsein von sich selbst nennt, welches mehr einem gegenständlichen Bewusstsein gleicht, und eine Vorstellung von sich selbst und als solche durch die Betrachtung seiner selbst vermittelt ist.[6]

§ 4. Das Gemeinsame aller noch so verschiedenen Äußerungen der Frömmigkeit, wodurch diese sich zugleich von allen anderen Gefühlen unterscheiden, also das sich selbst gleiche Wesen der Frömmigkeit, ist dieses, dass wir uns unsrer selbst als schlechthin abhängig, oder, was dasselbe sagen will, als in Beziehung mit Gott bewusst sind.

... Wenn aber schlechthinnige Abhängigkeit und Beziehung mit Gott in unserm Satz gleichgestellt wird: so ist dies so zu verstehen, dass eben das in diesem Selbstbewusstsein mitgesetzte *Woher* unseres empfänglichen und selbsttätigen Daseins durch den Ausdruck Gott bezeichnet werden soll, und dieses für uns die wahrhaft ursprüngliche Bedeutung desselben ist.[7]

Rudolf Bultmann (1884-1976):
Welchen Sinn hat es, von Gott zu reden

Wo überhaupt der Gedanke »Gott« gedacht ist, besagt er, dass Gott der Allmächtige, d. h. die Alles bestimmende Wirklichkeit sei. Dieser Gedanke ist aber überhaupt nicht gedacht, wenn ich *über* Gott rede, d. h. wenn ich Gott als ein Objekt des Denkens ansehe, über das ich mich orientieren kann, wenn ich einen Standpunkt einnehme, von dem aus ich neutral zur Gottesfrage stehe, über Gottes Wirklichkeit und sein Wesen Erwägungen anstelle, die ich ablehnen oder, wenn sie einleuchtend sind, akzeptieren kann.

Wer durch Gründe bewogen wird, Gottes *Wirklichkeit* zu glauben, der kann sicher sein, dass er von der Wirklichkeit *Gottes* nichts erfasst hat; und wer mit Gottesbeweisen etwas über Gottes Wirklichkeit auszusagen meint, disputiert über ein Phantom. Denn jedes »Reden *über*« setzt einen Standpunkt außerhalb dessen, worüber geredet wird, voraus. Einen Standpunkt außerhalb Gottes aber kann es nicht geben, und von Gott lässt sich deshalb auch nicht in allgemeinen Sätzen, allgemeinen Wahrheiten reden, die wahr sind ohne Beziehung auf die konkrete existentielle Situation des Redenden.[8]

Aus der Literatur

Friedrich Rückert (1788-1866): Liebeslied

Du meine Seele, du mein Herz,
Du meine Wonne, du mein Schmerz,
Du meine Welt, in der ich lebe,
Mein Himmel du, darein ich schwebe,
O du mein Grab, in das hinab
Ich ewig meinen Kummer gab.
Du bist die Ruh', du bist der Frieden,
Du bist der Himmel mir beschieden.
Dass du mich liebst, macht mich mir wert,
Dein Blick hat mich vor mir verklärt,
Du hebst mich liebend über mich,
Mein guter Geist, mein bessres Ich![9]

Reiner Kunze: Die Liebe

[...]
Die liebe
ist eine wilde rose in uns,
unerforschbar vom verstand
und ihm nicht untertan
Aber der verstand
ist ein messer in uns
Der verstand
ist ein messer in uns,
zu schneiden der rose
durch hundert zweige
einen himmel

Anmerkungen

1. Theologie als Herzenssache – eine Annäherung

1 Martin Luther, Ausgewählte Schriften. Hrsg. von Karin Bornkamm und Gerhard Ebeling, Frankfurt am Main 1983[2], Bd. 1, S. 269. Im Folgenden abgekürzt: BE, Luther.

2 Eine treue Vermahnung Martin Luthers an alle Christen, sich zu hüten vor Aufruhr und Empörung (1522), in: BE, Luther, Bd. 4, S. 31f.

3 Weimarer Ausgabe Bd. 4, S. 356, Z. 13-14. Im Folgenden: WA

4 WATR 1, S. 16, Z. 13, Nr. 46 (1531).

5 Gerhard Ebeling, Luther. Einführung in sein Denken, Tübingen 1981[4], S. 24-25.

6 Heinz Schilling, Der Weg ins Inferno, in: Süddeutsche Zeitung, 11. Februar 2016, Nr. 34, S. 12.

7 In: Thomas Mann, Deutschland und die Deutschen (1945).

8 Karin Bornkamm, Gerhard Ebeling: Vorwort zu »Martin Luther. Ausgewählte Schriften«, Bd. 1, S. VII.

2. Mich wundert, dass ich traurig bin – Lebensgefühl und Glaube

1 Der Spruch ist in verschiedenen Versionen überliefert. Ich wähle die prägnante Form, die sich im Evangelischen Gesangbuch (Ausgabe für Bayern und Thüringen) findet, S. 531.

2 Vgl. dazu: WA 37, S. 328f.

3 Unser Glaube. Die Bekenntnisschriften der evangelisch-lutherischen Kirche (Ausgabe für die Gemeinde), Gütersloh 2013, S. 466. Im Folgenden: Unser Glaube.

4 In dieser Perspektive hat Hans-Martin Barth seine umfangreiche Monographie vorgelegt: Die Theologie Martin Luthers. Eine kritische Würdigung, Gütersloh 2009.

5 Die Gedichte von Bertolt Brecht in einem Band, Frankfurt am Main 1981, S. 1009.

6 Luther Deutsch. Die Werke Martin Luthers in neuer Auswahl für die Gegenwart. Hrsg. von Kurt Aland, 1983[2], Bd. 8, S. 58. Im Folgenden: Aland, Luther.

7 Konrad Stock, Über die Idee einer theologischen Ästhetik, in: E. Gräb-Schmidt/R. Preul (Hg.), Ästhetik (MJTh XXII), Leipzig 2010, S. 86. Was Konrad Stock für ästhetische Begriffe wie »schön« und »hässlich« festhält, gilt m.E. auch im Kontext des Gefühlslebens.

8 Friedrich Hölderlin, Der Gang aufs Land. An Landauer, in: Sämtliche Werke und Briefe, Bd. I: Gedichte, S. 276.

9 Konrad Stock, Grundlegung der protestantischen Tugendlehre, Gütersloh 1995, S. 44.

10 Friedrich Schleiermacher, Der christliche Glaube. Nach den Grundsätzen der evangelischen Kirche im Zusammenhange dargestellt (1821[1]), Bd. I, Berlin 1960, S. 17.

11 Gottfried Wilhelm Leibniz, Nouveaux Essais, Préf., Darmstadt 1959, S. XVI.

12 Georg Friedrich Wilhelm Hegel, Vorlesungen über die Ästhetik II, in: Werke Bd. 14 (stw 614), Frankfurt am Main 1995, S. 155.

13 Ludwig Wittgenstein, Tagebücher 1914-1916, Werkausgabe Bd. I, Frankfurt/M. 1995, S. 168.

14 Darauf weist Wilfried Härle hin, in: Warum Gott? Für Menschen, die mehr wissen wollen, Leipzig 2013, S. 52f.

15 So die einleuchtende »Übersetzung« von Wilfried Härle, in: Warum Gott?, S. 60f.

16 Eilert Herms, Offenbarung und Glaube. Zur Bildung des christlichen Lebens, Tübingen 1992, S. XII.

3. Woran du dein Herz hängst, das ist dein Gott – Glaube als Vertrauen

1 Aus Kants Vorrede zur zweiten Auflage der »Kritik der reinen Vernunft«.
2 Ich folge hier: Wilfried Härle, Warum Gott?, S. 28ff.
3 Wilfried Härle, a.a.O., S. 29.
4 Vgl. dazu: Hans Balzer, Nur was wir glauben, wissen wir gewiß. Der Lebensweg des lachenden Weisen Wilhelm Busch, Berlin 1957.
5 Eberhard Jüngel, Geistesgegenwart. Predigten I und II, München 1979, S. 134.
6 Ausführlich interpretiert habe ich Luthers Auslegung in meiner Dissertation: Wissen – Freiheit – Macht. Kategoriale, dogmatische und (sozial-)ethische Bestimmungen zur begrifflichen Struktur des Handelns, Marburg 1991, S. 165ff.
7 Wilfried Härle, Dogmatik, Berlin 2007[3], S. 58.
8 Disputation gegen die scholastische Theologie (1517), These 17, in: Aland, Luther, Bd. 1, S. 356.
9 Hermann Hesse, Kurzgefasster Lebenslauf, in: Gesammelte Werke in 12 Bänden, Frankfurt am Main, Bd. 6, S. 391.
10 Unser Glaube, S. 578.
11 Die Konsequenzen dieser Einsicht für die Ethik der Wirtschaft hat grundlegend dargestellt: Eilert Herms, Die Wirtschaft des Menschen. Beiträge zur Wirtschaftsethik, Tübingen 2008.

4. Aus Lust und Liebe – die Freude am Guten

1 Zitiert aus: Martin Luther, Euch stoßen, dass es krachen soll. Sprüche, Aussprüche, Anekdoten. Herausgegeben und mit einem Nachwort versehen von Eckart Krumbholz, Berlin 1983, S. 190.

2 Eilert Herms, In Wahrheit leben. Predigten, Leipzig 2006, S. 23.

3 Konrad Stock, Freude an dem, was sein soll. Grundriss einer protestantischen Tugendlehre, in: Ders., Die Gegenwart des Guten. Schriften zur Theologie, Marburg 2006, S. 178-197.

4 Vgl. dazu: Reinhard Schwarz, Martin Luther – Lehrer der christlichen Religion, Tübingen 2016[2], S. 173ff.

5 WA 26, S. 25, Z. 30-32. (Übersetzung: R. Schwarz)

6 Eilert Herms, Die Bedeutung des Gesetzes für die lutherische Sozialethik, in: Ders., Erfahrbare Kirche. Beiträge zur Ekklesiologie, Tübingen 1990, S. 6.

7 Unser Glaube, S. 577.

8 Unser Glaube, S. 470.

9 Zur Geschichte des Satzes vgl.: Daniel Schubbe u.a. (Hg.), Warum ist überhaupt etwas und nicht vielmehr nichts? Wandel und Variationen einer Frage, Hamburg 2013.

10 Erich Kästner, Das doppelte Lottchen. Ein Roman für Kinder (1949), Hamburg 2016[165], S. 102.

11 Epistel Sanct Petri gepredigt und ausgelegt (1523), in: WA 12, S. 259, Z. 8ff.

12 Vorrede zum Jakobus- und zum Judasbrief (1522), in: Aland, Luther, Bd. 5, S. 63.

13 BE, Luther, Bd. 2, S. 208-209.

14 Unser Glaube, S. 581-582.

15 Unser Glaube, S. 588.

16 Aland, Luther, Bd. 4, S. 89.

17 Unser Glaube, S. 589.

18 Vgl. ebd.

19 WA 53, S. 523.

20 WA 11, S. 315f, mit den folgenden Zitaten.

21 Reinhard Schwarz, Martin Luther, S. 63ff.

22 A.a.O., S. 71.

23 Unser Glaube, S. 471.
24 WA 16, S. 425.
25 Ders., Aus der Sicht eines Juden, in: Hans Jürgen Schultz (Hrsg.), Luther kontrovers, Stuttgart – Berlin 1983, S. 263.
26 Unser Glaube, S. 576.
27 BE, Luther, Bd. 1, S. 42.
28 Unser Glaube, S. 467.
29 Diese Formulierung habe ich erstmalig verwendet in dem Buch: Richtig handeln. Glaube und Ethik, Leipzig 2014, S. 43. Vgl. dort auch den weiteren Zusammenhang.
30 Konrad Stock, Grundlegung, S. 56.

5. Geradezu von Neuem geboren – die Erfahrung der Rechtfertigung

1 WA 47; S. 90.
2 Gerhard Ebeling, Luther, S. 31.
3 Erik H. Erikson, Der junge Mann Luther. Eine psychoanalytische und historische Studie (1958), Eschborn 2003[5], S. 171.
4 Gunda Schneider-Flume, Leben ist kostbar. Wider die Tyrannei des gelingenden Lebens, Göttingen 2008[3].
5 WA 1, S. 557f. Übersetzung: Gerhard Ebeling.
6 Der Prophet Jona ausgelegt (1526), in: WA 19, S. 226, Z. 27-28.
7 A.a.O., S. 218, Z. 12-15.
8 Vorrede zu Band I der Opera Latina der Wittenberger Ausgabe. 1545, in: BE Luther, Bd. 1, S. 22ff. Übersetzung: Gerhard Ebeling.
9 Von der Freiheit eines Christenmenschen (1520), in: BE, Luther, Bd. 1, S. 246.
10 WA 56, S. 356.

11 BE, Luther, Bd. 2, S. 130.
12 Vgl. zum Folgenden: Evangelischer Erwachsenenkatechismus: suchen – glauben – leben, Gütersloh 2010[8], S. 302f.
13 Vgl. WA 56, S. 260, Z. 23.
14 WA 56, S. 272.
15 WA 7, S. 337.
16 Die folgende Interpretation verdankt wichtige Impulse dem Beitrag von Helmut Frank: Sündige tapfer! Was das merkwürdige und missverständliche Lutherwort heute bedeutet, in: Sonntagsblatt der Evang.-Luth. Kirche in Bayern, Nr. 41 (2014), S. 4-6.
17 Frank, a.a.O., S. 5.
18 Dietrich Bonhoeffer, Ethik (1949), München 1975[8], S. 260.
19 BE, Luther, Bd. 5, S. 147-148.
20 A.a.O., S. 153.
21 Vgl. zum Folgenden wiederum: Evangelischer Erwachsenenkatechismus, 2010[8], S. 294ff.
22 Aland, Luther, Bd. 1, (These 28), S. 393.
23 BE, Luther, Bd. 2, S. 123-124.
24 Reiner Kunze, Gedichte, Frankfurt am Main 2001, S. 137.
25 Unser Glaube, S. 619.
26 WA, Bd. 44, S. 720, Z.30-31.
27 Operationes in Psalmos (1518/21), in: WA, Bd. 5, S. 168, Z. 1-7.
28 WA, Bd. 39/1, S. 205, Z. 2-5.
29 BE, Luther, Bd. 2, S. 296-297.

6. Ans Herz gelegt – dem Evangelium begegnen

1 Unser Glaube, S. 583.
2 Vom unfreien Willen (1525), in: Aland, Luther, Bd. 3, S. 164.

3 Michael Trowitzsch, Die bunte Gnade Gottes. Von der Einbildungskraft des Glaubens, München 1988, S. 22.
4 Joachim-Ernst Berendt, Ich höre – also bin ich, München 2009, S. 18.
5 Zit. nach: Trowitzsch, a.a.O., S. 23.
6 Aland, Luther, Bd. 10, S. 219.
7 WA 7, S. 105.
8 Wider die himmlischen Propheten, von den Bildern und Sakrament (1525), in: Aland, Luther, Bd. 4, S. 145-146.
9 Stock, Grundlegung, S. 103.
10 Weihnachtspostille (1522), WA 10.I.1, S. 62.
11 BE, Luther, Bd. 2, S. 279-280.
12 Zit. nach: Berendt, a.a.O., S. 12.
13 WA, Bd. 2, S. 81, Z. 15.
14 Gemeint sind die Perlen des Rosenkranzes.
15 Von den guten Werken (1520), in: BE, Luther, Bd. 1, S. 96.
16 Unser Glaube, S. 483-484.
17 BE, Luther, Bd. 2, S. 277.
18 Unser Glaube, S. 590.
19 Zit. nach: Friedrich Schorlemmer (Hg.), Was protestantisch ist. Das große Buch des Denkens und Glaubens, Freiburg im Breisgau 2015[4], S. 105.
20 Vorrede zum ersten Band der Wittenberger Ausgabe der deutschen Schriften Luthers (1539), in: BE, Luther, Bd. 1, S. 8.

7. Zur Freiheit befreit – die Freiheit eines Christenmenschen

1 Thomas Kaufmann, Der Anfang der Reformation, Tübingen 2012, S. 181.

2 Zur Geschichte der Religion und Philosophie in Deutschland (1834), Erstes Buch.

3 So Friedrich Wilhelm Graf, in: Zeitzeichen. Evangelische Kommentare zu Religion und Gesellschaft, 04/2016, S. 23.

4 Ich greife dabei Gedanken und Formulierungen auf aus meinem Buch: Richtig handeln, a.a.O., S. 33 ff.

5 So im Begleitschreiben an Papst Leo X, in: Aland, Luther, Bd. 2, S. 250.

6 BE, Luther, Bd. 1, S. 240-241.

7 Eberhard Jüngel, Zur Freiheit eines Christenmenschen. Eine Erinnerung an Luthers Schrift, in: Ders., Indikative der Gnade – Imperative der Freiheit. Theologische Erörterungen IV, Tübingen 2000, S. 127.

8 Aland, Luther, Bd. 3, S. 200.

9 A.a.O., S. 197.

10 BE, Luther, Bd. 1, S. 244.

11 Das Magnificat, verdeutscht und ausgelegt (1521), in: BE, Luther, Bd. 2, S. 140.

12 BE, Luther, Bd. 1, S. 258.

13 Friedrich Schorlemmer, a.a.O., S. 170.

14 BE, Luther, Bd. 1, S. 263.

15 WA 27, S. 223, Z. 8-12.

16 Aland, Luther, Bd. 1, S. 250.

8. Gottesmut – Vertrauen in den Widersprüchen des Lebens

1 Predigt zu Luk 2,15-20 (1533), in: Aland, Luther, Bd. 8, S. 53.

2 Aland, Luther, Bd. 7, S. 158-159.

3 Wolf Biermann, Ich hatte viel Bekümmernis. Meditation zur Kantate Nr. 21 von J. S. Bach, Zürich 1991, S. 32.

4 BE, Luther, Bd. 1, S. 280.
5 Renate Wind, Christsein im Imperium. Jesusnachfolge als Vision einer anderen Welt, Gütersloh 2016, S. 6.
6 WA 44, S. 572, Z. 26-27.
7 Walter Jens, Martin Luther: Prediger, Poet und Publizist, in: Ders., Pathos und Präzision. Acht Texte zur Theologie, Stuttgart 2002, S. 116.

Anhang

1 Unser Glaube, S. 515-519.
2 WA 30 II, S. 696.
3 WA Br 2, S. 370-372. Übersetzung aus: Sonntagsblatt der Evang.-Luth. Kirche in Bayern, Nr. 41 (2014), S. 5.
4 Unser Glaube, S. 474.
5 Unser Glaube, S. 49.
6 Friedrich Schleiermacher, Der christliche Glaube, Bd. I, S. 16.
7 Friedrich Schleiermacher, a.a.O., S. 23ff.
8 Rudolf Bultmann, Welchen Sinn hat es, von Gott zu reden? (1925), in: Ders., Glauben und Verstehen Bd. I, Tübingen 1980[8], S. 26.
9 Friedrich Rückert, Werke Bd. I, S. 142.

Für alle Lebensliebhaber bietet das Gütersloher Verlagshaus Durchblick, Sinn und Zuversicht. Wir verbinden die Freude am Leben mit der Vision einer neuen Welt.

UNSERE VISION EINER NEUEN WELT

Die Welt, in der wir leben, verstehen.

Wir sehen Menschlichkeit als Basis des Miteinanders:
Mitgefühl, Fürsorge und Beteiligung lassen niemanden verloren gehen. Wir stehen für gelingende Gemeinschaft statt individueller Glücksmaximierung auf Kosten anderer.

Wir leben in einer neugierigen Welt:
Sie sucht ehrgeizig und mitfühlend Lösungen für die Fragen unseres Lebens und unserer Zukunft. Wir fragen nach neuem Wissen und drücken uns nicht vor unbequemen Wahrheiten – auch wenn sie uns etwas kosten.

Wir leben in einer Gesellschaft der offenen Arme:
Toleranz und Vielfalt bereichern unser Leben. Wir wissen, wer wir sind und wofür wir stehen. Deshalb haben wir keine Angst vor unterschiedlichen Weltanschauungen.

Das Warum und Wofür unseres Lebens finden.

Wir helfen einander, uns selber besser zu verstehen:
Viele Menschen werden sich erst dann in ihrem Leben zuhause fühlen, wenn sie den eigenen Wesenskern entdecken – und Sinn in ihrem Leben finden.

Wir ermutigen Menschen, zu ihrer Lebensgeschichte zu stehen:
In den Stürmen des Alltags geben wir Halt und Orientierung. So können sich Menschen mit ihren Grenzen aussöhnen und zuversichtlich ihr Leben gestalten.

Wir haben den Mut, Vertrautes hinter uns zu lassen:
Neugierde ist die Triebfeder eines gelingenden Lebens. Wir wagen Neues, um reich an Erfahrung zu werden.

Erfahren, was uns im Leben trägt und erfreut.

Wir glauben an die Vision des Christentums:
Die Seligpreisungen der Bergpredigt lassen uns nach einer neuen Welt streben, in der Vereinsamte Zuwendung, Vertriebene Zuflucht, Trauernde Trost finden – und Gerechtigkeit, Barmherzigkeit und Frieden herrschen.

Wir geben Menschen die Möglichkeit, den Glauben (neu) zu entdecken:
Persönliche Spiritualität gibt Kraft, spendet Trost und fördert die Achtung vor der Schöpfung sowie die Freude am Leben.

Wir stehen mit Respekt vor der Glaubenserfahrung anderer:
Wissen fördert Dialog und Verständnis, schützt vor Fundamentalismus und Hass. Wir wollen die Schätze anderer Religionen kennenlernen, verstehen und respektieren.

GÜTERSDIE
LOHERVISION
VERLAGSEINER
HAUSNEUENWELT

Bibliografische Information der Deutschen Nationalbibliothek

Die Deutsche Nationalbibliothek verzeichnet diese Publikation in der Deutschen Nationalbibliografie; detaillierte bibliografische Daten sind im Internet über https://portal.dnb.de abrufbar.

FSC
www.fsc.org
MIX
Papier aus verantwortungsvollen Quellen
FSC® C014496

Verlagsgruppe Random House FSC® N001967

1. Auflage

Umschlaggestaltung: Gute Botschafter GmbH, Haltern am See
Umschlagmotiv: Martin Luther, Porträt Lucas Cranach, 1529,
© der Vorlage: Everett Historical/Shutterstock.com
Druck und Bindung: GGP Media GmbH, Pößneck
Printed in Germany
ISBN 978-3-579-08536-4

www.gtvh.de